우리는 모두 누군가를 대하는 일을 하고 있습니다.

이 책에서의 접객은 당신의 일을 칭하는 것이기도 합니다.

좋은 기분
일과 삶을 돌보는 태도에 대하여

2024년 1월 1일 초판 1쇄 발행
2024년 7월 7일 초판 5쇄 발행

지은이   박정수(녹싸)

펴낸이   김은경
편집   권정희, 장보연
마케팅   박선영, 김하나
디자인   황주미
경영지원   이연정
펴낸곳   ㈜북스톤
주소   서울시 성동구 성수이로7길 30, 2층
대표전화   02-6463-7000
팩스   02-6499-1706
이메일   info@book-stone.co.kr
출판등록   2015년 1월 2일 제2018-000078호

ISBN   979-11-93063-22-4 (03190)

북스톤은 세상에 오래 남는 책을 만들고자 합니다. 이에 동참을 원하는 독자 여러분의 아이디어와 원고를 기다리고 있습니다. 책으로 엮기를 원하는 기획이나 원고가 있으신 분은 연락처와 함께 이메일 info@book-stone.co.kr로 보내주세요. 돌에 새기듯, 오래 남는 지혜를 전하는 데 힘쓰겠습니다.

좋은 기념

일과 삶을 돌보는 태도에 대하여

박정수(녹싸) 지음

북스톤

*

좋은 기분은 씨앗과 같습니다.
가게가 내뿜는 좋은 기분은
반드시 사람들과 사회로 퍼져나가고,
사람들과 사회의 좋은 기분도
반드시 가게로 돌아옵니다.
지속가능하다는 것은
바로 그런 관계를 말합니다.

IMPORTANT
NOTICE

THIS ICE CREAM SHOP
IS DESIGNED TO SERVE
CHILDREN BETWEEN THE
AGES OF 0-100 YEARS OLD.

BEFORE IT MELTS

IMPORTANT NOTICE

THIS ICE CREAM SHOP SERVES THE ICE CREAM THAT IS MADE INSIDE WITH FINE INGREDIENTS

BEFORE IT MELTS

들어가며

지금 이 순간, 주변에 뭐가 보이시나요? 책을 펼치자마자 드리기엔 조금 이상한 부탁이지만 잠시 고개를 들어 주위를 빙 둘러볼까요. 자세도 제대로 고쳐 앉을 겸 해서요.

화창한 평일 오후, 쉬는 날마다 자주 머무르는 카페에 앉아 있는 저에겐 유리컵과 의자 같은 가구들, 명상에 가까운 음악이 흐르는 스피커와 사람들이 저마다가져온 다양한 물건들이 가장 먼저 눈에 들어옵니다. 창밖으로는 빛바랜 육교와 초록이 무성한 가로수들, 그리고 하굣길의 학생들로 왁자지껄한 초등학교가 보입니다. 또 그 옆으로는 미용실, 동물병원 같은 장소들이 서로 다른 색깔을 머금은 채 거리에서 자기 존재를 은은하게 드러내고 있습니다.

비단 제 시야뿐 아니라 여러분이 고개를 들었을 때 보았던 모든 사물과 공간 사이에는 거의 예외 없이 한 가지 공통점이 있습니다. 바로 '만들어진 의도'가 있다는 점입니다. 인간이 만든 모든 것에는 저마다 나름의 의도가 있습니다. 심지어 가로수나 인공 호수처럼 자연과 인간이 함께 만들어낸 것들에도 명확한 의도가 담겨 있습니다. 그 의도가 드러나거나 숨겨진 정도의 차이만 있을 뿐, 누군가가 시간과 공을 들여 만들었기에 우리 주변에 이렇게나 많은 사물이 존재하는 것입니다.

의도란 목적이 분명한 생각을 말합니다. 그러므로 우리 생활 속의 모든 것에 의도가 있다는 것은 곧 누군가의 생각이 현실에 구현되어 물질의 형태로 존재한다는 뜻입니다. 유구한 역사에 걸쳐 사람들이 이렇게나 열심히 생각을 구현하지 않았다면, 이 세상은 도시는커녕 그저 바위와 목초, 동물들의 거대한 집합체에 불과했을 겁니다.

물건뿐 아니라 우리가 일상에서 지나치는 많은 가게도 마찬가지입니다. 태어나는 모습을 미리 정할 수는 없지만 정해진 의도와 떠오르는 이미지 없이, 가게 주인도 모르는 사이에 눈 감았다 뜨니 짠 하고 생기는 가게는 단언컨대 하나도 없습니다. 사람들은 재미있을 것 같아서, 꿈을 실현하기 위해서, 돈을 많이 벌 수 있을 것 같아서, 그도 아니라면 뭔가 요상하고 의미심장한 철학을 구현하고 싶다는 생각과 약간의 용기를 가지고 가게를 엽니다.

눈치채셨겠지만 〈녹기 전에 BEFORE IT MELTS〉가 바로 그 요상하고 의미심장한 철학으로 빚어진 가게입니다. 그것을 구현하는 방식은 지난 몇 년에 걸쳐 매일같이 달라졌지만, 가게를 운영하는 의도의 본질은 늘 하나였습니다. 저는 〈녹기 전에〉를 통해 사람들과 '시간'에 대해 진지한 이야기를 나누고 싶었습니다. 그리고 이 한정된 혹은 영원한 시간 속에서 우리가 무엇을 의식하면서 살아가야 하는지 한층 더 깊게, 그러나 가능하면 느긋하게 논의하고 싶었습니다. 이 의도가 얼마나 중요했으면 아직도 여러분에게 〈녹기 전에〉가 무슨 가게인지조차 설명드리지 않았을 정도입니다.

소개가 늦어져서 죄송합니다. 저는 〈녹기 전에〉라는 아이스크림 가게를 맨 처음 만들고 이끌어온 멤버, 녹싸입니다. 아이스크림이 세상에 기여할 수 있는 일이 지금보다 훨씬 더 많을 거라는 믿음과 '더 나은 아이스크림 생활'을 사람들에게 전하겠다는 목표로 시작한 이 작은 가게가 벌써 사람 나이로 여덟 살이 되었습니다.

저는 남들과 마찬가지로 불안투성이였던 20대를 보냈습니다. 이 험난한 시기를 가까스로 통과하던 스물아홉의 나이에 그때까지 해왔던 모든 생각들과 삶의 궤적, 그리고 사람에 대한 개인적인 태도를 재료 삼아 서울 종로구 익선동에서 3평짜리 작은 아이스크림 가게를 하나 차렸습니다.

물론 처음엔 여러모로 어설프기 짝이 없었습니다. 영업 방식이나 접객력은 물론 판매하는 유일한 제품인 아이스크림조차 완전히 다듬어지지 않은 상태였습니다. 심지어 매장에 앉을 자리도 없어 좁은 문틈을 게걸음으로 비집고 들어와 아이스크림을 구매하고 다시 불편하게 나가야 했습니다. 지금 생각하면 말도 안 되게 송구스러운 구조의 가게였습니다. 서울에서 가장 오래된 한옥 단지인 익선동이라는 기댈 경치가 있음을 천만다행으로 여기던 시절이었습니다.

여러 가지 부족함과 악조건 속에서도 지난 몇 년간 많은 손님이 너그러운 마음과 애정으로 지켜봐 주셨습니다. 덕분에 가게는 단단해졌고, 저 또한 처음보다 더 구체적인 의지를 지닌 사람이 되었습니다. 미완성의 초심만으로는 결코 내놓지 못했을 성숙한 마음의 씨앗을 틔울 수 있었던 것은 손님들이 자신도 모르는 사이에 공유해주신 가치관과 태도 덕분이었습니다. 받았던 것을 그대로 다시 나누는 것이 일의 본질 중 하나임을 알기에, 지금도 여전히 저와〈녹기 전에〉는 작고 차가운 아이스크림으로 사람들의 삶을 풍성하고 따뜻하게 만들 수 있음을 증명하려 노력하고 있습니다.

〈녹기 전에〉는 지금껏 꽤 다양한 방식으로 사람들에게 누군가는 반드시 해야 할 질문들을 던져왔습니다. 바로 지금 최선을 다해 촘촘한 행복을 누리며 살고 있는지, 스스로에게 책임감 있는 선택을 하면서 살고 있는지 말입니다. (결국은 같은 이야기라고 생각합니다만) 개인의 행복을 물을 때도 있고, 공동체의 행복을 물을 때도 있었습니다. 400여 가지가 넘는 다양한 아이스크림 메뉴를 통해서도 물었고, 대화나 참여형 이벤트, 아니면 나무 심기 같은 직접적인 행동을 통해 묻기도 했습니다. 감사하게도 종종 이런 콘텐츠와 관련하여 인터뷰 요청을 받기도 했습니다. 이제껏 여러 기획과 콘텐츠를 전개하며 시기마다 인터뷰의 핵심 주제는 달라졌지만, 스스로도 즐겁고 듣는 이도 솔깃할 만큼 가시적이고 고무적인 성과도 몇 차례 있었습니다.

하지만 굳이 그 내용을 여기서 상세히 써 내려가고 싶지는 않습니다. 이유를 조심스레 말씀드리면, 정확히 어떤 콘텐츠로 사람들과 공감대를 형성해왔는지 브랜딩의 언어로 사례를 분석하는 것은 앞으로 이어갈 글에 대한 본래의 의도를 흐리게 만들 수 있다고 생각해서입니다. 사람들에게 좋은 반응을 얻었던 기획 요소들은 개별적으로 존재하지 않았습니다. 그보다 〈녹기 전에〉가 추구해온 전체적인 맥락 속에서 파악 되어야만 유효한 것들이었습니다. 어차피 일에 절대 적인 성공 공식이란 없고, 최고의 콘텐츠란 것도 사실 없습니다. 이미 지나간 성공서를 읽을 사람은 아무도 없으니까요. 오직 자신의 관점을 오롯이 녹여 일에 투 영하는 것만이 지속가능하며, 다가오는 시대가 일과 관련하여 요구하는 최선의 능력이 아닐까 합니다.

그러기 위해서라도 〈녹기 전에〉의 콘텐츠들을 면밀 히 되짚기보다 이제까지 〈녹기 전에〉가 일과 사람에 대해 취해온 일관된 의지와 태도, 일의 씨앗에 관한 이 야기를 나누는 것이 훨씬 더 중요하다는 생각이 들었 습니다.

왜 하필 아이스크림을 아이템으로 콕 집어 골랐는 가 하는 것은 자주 받는 질문임에도 답하기가 쉽지 않 습니다. 과거로 돌아가 생각하건대, 저에게 아이스크 림은 무수히 많은 선택지 중 하나였다기보다 오랜 생 각 끝에 취할 수 있었던 거의 유일한 가능성이었기 때문입니다. 막말로 아이스크림이 사업성 있는 아이템이 아니었더라도 저는 이 일을 시작할 수밖에 없었을 겁니다. 당시 저에게는 제 생각을 구현할 수 있는 수단이 아이스크림밖에 없었습니다. 뒤에서 자세히 이야기하겠지만, 저는 이를 '소거법으로 직업을 택했다'라고 표현하곤 합니다.

굳이 말하자면 〈녹기 전에〉의 '아이템'은 아이스크림이 아니라 시간이라는 화두에 가깝습니다. 그리고 시간이라는 것보다 오래가는 화두는 없습니다. 영원조차 시간에 속하는 개념이기 때문입니다. 사람이 느끼는 좋은 기분이나 행복이라는 개념도 사실 시간을 음미하는 방식 중 하나일 뿐입니다. 보내기 아쉬운 시간, 잔잔한 물속에서 부드럽게 헤엄치듯 손끝으로 밀어 보내는 시간이 행복이며, 폭포 같은 물을 온몸으로 맞으며 얼른 지나가버렸으면 하는 시간이 불행입니다. 시간 속에는 사람이 있고, 사랑이 있고, 환경이 있고, 공동체가 있고, 미래가 있습니다. 그리고 아이스크림은 단순히 맛있는 디저트라는 개념을 넘어 시간의 존재와 흐름을 나타내주는 아름답고 매력적인 시계입니다. 〈녹기 전에〉는 이 아이스크림을 매개로 시간이라는 화두에서 파생된 사람과 삶에 대한 이야기를 나눕니다. 이제까지 그래왔고 앞으로도 계속 그럴 겁니다. 제품보다 의도가 훨씬 더 중요한 가게로서 세상에 이야기할 거리가 남아 있는 한 〈녹기 전에〉는 계속 이어질 겁니다.

다시 처음으로 돌아가 여쭙겠습니다. 고개를 들어 주위를 빙 둘러봅시다. 사물을 보는 관점도 조금 고쳐 볼 겸 해서요. 지금 이 순간 주변에 어떤 의도들이 보이시나요? 물질의 형태로 존재하는 수많은 의도 중에 혹시 가슴에 와닿는 이야기가 있나요? 저희가 담아낸 의도들이 누군가의 눈에 그리고 마음에 관측되길 바라며, 매일 생각과 태도로 가게를 빚고 아이스크림을 만드는 〈녹기 전에〉의 이야기를 지금부터 풀어내고자 합니다.

차례

1장

좋은 기분 드리기

보다 나은 삶을 위한
접객 가이드

 원래 이 책은 함께 일할 동료를 찾기 위해 만들어진 가이드였습니다. 앞서 말씀드렸듯 제품보다 의도가 더 중요한 가게로서 우리가 하는 일의 의도를 뿌리에서부터 설명하고, 접객하는 일이 손님은 물론 일하는 사람의 일상에 어떤 의미를 지니는지 저의 온전한 경험을 토대로 공유하고자 작성한 문서였습니다. 조금은 무모하지만 아직은 누구일지 모르는 한 사람과 마주 앉아 이야기를 나눈다는 생각으로, 오직 한 명의 독자를 염두에 두고 써 내려갔습니다. 한 달에 걸쳐 출근 전에 조금씩 글을 쓰다 보니 어느새 160페이지가 넘는 가이드가 만들어졌습니다. 채용 공고를 내는 날에 맞춰 가까스로 내용을 완성하여 한시적으로 접객 가이드의 링크를 모든 사람에게 공개했습니다. 단 한 사람이라도 이에 공감하는 분이 지원해주시면 좋겠다는 마음뿐이었습니다.

그런데 이상한 일이 벌어졌습니다. 공개 기간에 채용 공고의 지원자들뿐 아니라 손님이나 가게를 운영하는 분들 그리고 기획자나 마케터 분들은 물론, 이름도 직업도 모르는 많은 분이 이 가이드의 내용에 공감한다고 연락을 주신 겁니다. 덧붙여 책자로 소장하고 싶다고 말씀해주셨습니다. 예상치 못했던 관심에 처음에는 어안이 벙벙한 상태로 있다가 스스로 납득할 만한 이유를 발견하게 되었습니다. 한마디로 그것은 지금 우리 시대에 찾아온 '태도의 위기'에 공감한다는 신호였습니다.

지난 몇 년 사이 손님과 직접 마주하는 작은 가게들을 둘러싼 환경은 하루가 다르게 바뀌어 왔습니다. 시시각각 변하는 트렌드뿐 아니라 대외적인 환경도 변화가 매우 큰 시간이었습니다. 대표적으로 우리 모두 각자의 상황에서 고생했던 코로나19라는 초유의 사태가 있었습니다. 그 뒤를 이어 세계 경제의 불안으로 야기된 인플레이션이 제품의 생산 단가를 치솟게 만들기도 했습니다. 이런 일련의 위기를 정통으로 맞은 업장들은 뼈를 깎는 심정으로 자구책을 마련해야만 했습니다.

그중 하나는 인건비를 줄이는 것이었습니다. 당연한 이야기지만 좋은 제품은 좋은 재료에서 출발하기에 재료비를 줄이기는 그리 쉽지 않습니다. 유통 과정을 줄인다든가 더 나은 거래처를 찾는 일에는 분명 한계가 있기 때문입니다. 그러니 이외의 운영비 중에서 가장 덩치가 큰 인건비에 손을 대는 것은 어찌 보면 매우 자연스러운 방책이었습니다.

인건비를 줄이면서 점주가 직접 팔을 걷어붙이고 일을 하거나 기존 직원이 더 긴 시간 근무하는 경우도 있었지만, 키오스크나 로봇이 사람이 할 일을 대신하는 풍경도 흔히 볼 수 있게 되었습니다. 이제는 꽤 익숙해진 건지 키오스크가 설치된 대형 프랜차이즈에 들르면 외려 마음이 편하게 느껴지기도 합니다.

그러나 저는 키오스크가 무조건 옳은 방향이라거나, 앞으로 접객의 대부분을 이 표정 없는 모니터가 담당할 것이라는 주장에는 동의하기 어렵습니다. 저는 그것을 생생한 경험을 통해 반박할 수 있습니다. 이는 요즘 대두되는 디지털 소외 계층인 노령 인구에 대한 차별 문제, 그러니까 '키오스크는 이해하거나 다루기가 어렵다'라는 차원의 이야기가 아닙니다. 그보다는 사람들의 마음 깊은 곳에서 서서히 자라나는 교감의 상실과 직결되어 있다는 것이 제가 이야기하려는 문제의 핵심입니다.

손님을 맞이하는 과정에 인간이 사라진 배경에는 업장이나 손님의 입장에서 그렇게 해도 상관없다, 즉 거래 자체는 동일하기에 키오스크를 써도 사람의 접객과 완전히 동등하다는 생각이 전제로 깔려 있습니다. 이는 거래를 단순히 물건과 돈을 교환하는 행위로 인식한다는 의미인 동시에 우리 사회에서 휴머니티가 점점 사라지고 있다는 증거이기도 합니다. 제가 아까 말씀드린 '태도의 위기'란 바로 이를 두고 하는 이야기입니다.

요즘엔 돈과 물건이 무미건조하게 오가기 십상입니다. 판매자는 물론 구매자조차 무언가를 사면서 느낄 수 있는 다양한 감정을 기대하지 않습니다. 거래에서 발생하는 교감의 중요성을 상실했는데 그 자리에 반드시 인간이 자리를 지키고 있어야 할 필요는 없겠죠. 접객이 필수가 아닌 선택이 되었으니 인간을 기계로 대체해도 된다는, 조금 씁쓸하지만 시대적으로는 자연스러운 옵션이 판매자와 구매자 모두의 암묵적 합의하에 생긴 겁니다.

　우리는 아이스크림 가게나 동네 세탁소, 대형마트 등에서 제품이나 서비스를 금전과 교환합니다. 표면적으로만 보면 거래는 매우 깔끔한 행위입니다. 동등하다고 합의한 가치의 소유권을 서로 맞바꾸는 겁니다. 이 간단한 등식에서는 당연히 편리함이 생명입니다. 마치 정해진 수식을 빠르게 읽고 연산하는 컴퓨터가 좋은 컴퓨터인 것처럼 말입니다. 이 관점으로는 키오스크가 확실히 인간보다 좀 더 나은 방식입니다. 물론 사람들이 키오스크 사용에 완전히 익숙해졌다는 전제가 있어야겠지만요.

그러나 인간은 늘 거래에서 모종의 마음을 함께 주고받아 왔습니다. 그 마음의 이름은 어떤 때는 사랑이었다가 어떤 때는 신뢰였다가 또 어떤 때는 신념이기도 했습니다. 매번 바뀌기에 통용될 만한 한 단어로 말하기는 어렵지만, 어쨌든 인간만이 나눌 수 있는 눈에 보이지 않는 휴머니티가 작게 접은 종이 편지처럼 은근히 오고 갔던 겁니다.

거래의 속을 들여다보면 정말 마술 같습니다. 거래는 사람의 마음을 고양하는 효과가 있기 때문입니다. 내가 가진 것을 다른 사람이 가진 동등한 가치의 물건과 바꾸었을 뿐인데 왜 마음에는 '+'가 생겼을까요. 물론 거래 당사자가 느끼기에 자기가 더 가치 있는 걸 얻었다는 획득감도 하나의 이유일 겁니다. 그러나 그보다는 거래 행위가 이루어질 때 나누었던 대화, 제스처, 눈빛 등의 언어적·비언어적 교환이 일으킨 마음의 공명이 더 큰 이유라 생각합니다.

매일 아이스크림을 만들어 팔면서 저는 이에 대한 증거를 셀 수 없도록 많이 보고 체감했습니다. 제가 경험한 바로는 사람들은 아이스크림 한 컵과 자신의 재화 간에 일어나는 일대일 교환에만 모든 의미를 두지는 않았습니다. 그들은 거래라는 큰 줄기에서 피어나는 꽃들, 그러니까 오가는 마음이나 매장의 분위기 등에서 느껴지는 향기를 맡고 있었습니다.

거래는 어찌 보면 총체적인 '매장 방문 경험'에서 대표성을 띤 행위에 불과합니다. 거래를 포함한 상위 개념인 매장 방문 경험은 우선 물건을 주고받는 바로 그 장면에서 시간상으로 한참을 되돌아가 시작됩니다. 방문하지 않은 상태에서 이미 방문 경험이 일어난다는 의미입니다. 친구에게 내일 〈녹기 전에〉에 가자고 이야기하는 것으로 시작해, 작은 동네까지 오기 위해 일정을 조율하고 교통편을 찾아보고 낯선 거리를 구경하며 도착한 곳에서 오래된 나무 문을 여는 순간까지의 전 과정이 거래 행위로 매듭지어질 매장 방문 경험에 포함됩니다.

이 기나긴 과정 끝에 도착한 가게에서 차가운 화면을 마주하느냐 아니면 사람의 따스한 친절함을 마주하느냐는, 그 방문 과정 전체의 인상을 결정할 정도로 매우 중요한 차이입니다. 다시 말해 손님을 반기는 정도에 따라, 아직 미묘한 상태로 남겨져 있던 '집에서 매장까지 오는 과정에 대한 기분'이 한꺼번에 결정된다는 뜻입니다. 지금의 환대가 시간을 거슬러 가까운 과거의 기억에까지 영향을 미친다는 것은 접객이 가진 가장 놀라운 힘입니다.

금융 및 보안 기술의 발전으로 거래 자체는 사람이 필요 없을 정도로 전례 없이 간편해졌습니다. 그러나 저는 오직 정서적인 거래만이 지속가능한 거래라고 믿습니다. 흔히 접객을 키오스크에 맡기면 경영하는 차원에서 돈이 절약된다고 합니다. 그러나 그만큼 손님에게 풍부한 기분을 제공해드릴 기회 또한 줄어든다는 사실을 업장에서는 간과하고 있습니다. 물건에 대한 피로도는 이미 높아질 대로 높아진 세상입니다. 요즘 같은 제품 과잉 시대에 물건만으로 사람들에게 어떤 마음의 흔적을 남길 수 있을까요?

이런 시대적 문제를 일찍 간파한 생산자들이 없지는 않았습니다. 다만 그들이 찾아낸 묘수 역시 다시 물건이었습니다. 대신 많이 만들지 않고 의도적으로 적게 찍어내는 방식으로 희소가치에 대한 사람들의 욕망을 부추겼습니다. 희소성, 한정판 등의 키워드로 사람들의 탐욕만을 불러일으키는 전략은 어찌 보면 자본주의에 매몰된 마케팅의 안타까운 현주소가 아닐까 합니다. 마케팅은 분명 좀 더 건전한 방식으로 사람들을 불러 모으고 또 의미 있는 일을 할 수도 있다고 생각하기 때문입니다.

접객은 단순히 제품을 전달하는 일이 아니라, 브랜드의 최전선에서 제품에 숨결을 불어넣고 브랜드의 이미지를 구축하는 숭고한 일입니다. 훌륭한 접객은 거래의 표면적인 목적에 잔잔한 파동을 일으키고 공명감을 만들어냅니다. 그 공명감은 예술 작품 앞에서 드는 감정과 같은 것으로, 저는 훌륭한 접객이 예술과 동일 선상에 있다고 생각합니다. 어쩌면 대중을 상대로 하는 대중 예술이자 스스로를 향한 개인적인 예술, 즉 명상이기도 합니다.

일하는 사람에게서 일을 빼놓고 삶을 설명하기란 어렵습니다. 그리고 자기 일을 깊이 생각해본 사람만이 튼튼한 일상을 이어갈 수 있습니다. 머리로 하는 깊은 생각과 가슴으로 느끼는 깊은 마음은 결국 하나로 이어져 있습니다. 접객 가이드에서 시작된 이 책 또한 접객하는 자리에 있는 사람이 가져야 할 마음의 근원에 관해 다루고 있습니다. 일반적인 업무 가이드의 기계적인 설명이나 정확한 지시사항과는 거리가 멉니다. 태도는 쉽게 프로그래밍되거나 내재화할 수 있는 것이 아닙니다. 그래서 모든 행동의 원인이 되는 마음의 중심부로 향하기 위해 먼 길을 걸어가듯 많은 문장을 할애해야 했습니다. 그 한줄 한줄을 통해 좋은 기분을 전달하는 접객의 역할이 얼마나 중요한지, 그리고 그것이 스스로에게도 얼마나 유의미한 일인지를 전하고자 노력했습니다.

우리에게 장기적으로 필요한 것, 판매자와 구매자를 모두 만족시키고 나아가 우리 사회 자체를 건강하게 만들 방법, 새삼스럽지만 리테일의 희망은 바로 접객에 있습니다. 저는 한 사람의 마음에 가닿는 일이 결국 모든 사람의 마음에 가닿는 일이라 믿습니다. 특히 내부 구성원이 같은 가치관을 공유해야 그것이 매끈한 이음새로 외부에 공유될 수 있고, 나아가 사회 전체에 작은 영향을 미칠 수 있다고 생각합니다. 우리가 하는 모든 일은 알게 모르게 사회에 영향을 미치고, 반대로 사회에서 일어나는 모든 일도 우리에게 영향을 미칩니다.

좋은 기분은 씨앗과 같습니다. 가게가 내뿜는 좋은 기분은 반드시 사람들과 사회로 퍼져나가고, 사람들과 사회의 좋은 기분도 반드시 가게로 돌아옵니다. 지속가능하다는 것은 바로 그런 관계를 말합니다.

우리는 모두 누군가를
대하는 일을 합니다

저는 매장 오픈 이후 처음 4년간은 아이스크림을 제조하고 판매하는 올라운드 플레이어로, 최근 2년간은 손님에게 판매하는 접객원, 저희 용어로는 프런트로 활동했습니다. 손님과 만나는 접점에 있는 전문 프런트가 되고 나서 예전에는 어렴풋하게만 느끼던 것들을 비로소 명확하게 깨닫기도 했는데요.

그중 가장 중요한 깨달음은 아이스크림을 만드는 일을 넘어 접객업 전반, 나아가 우리 사회의 활동, 즉 모든 인간사人間事가 결국 기분에 관한 문제라는 것이었습니다.

우리가 일상에서 하는 모든 활동은 기쁨, 안온함, 따스함, 편안함, 만족감 등의 '좋은 기분'들과 매우 밀접하게 연결되어 있습니다. 직접적인 의미로든 복잡한 맥락이든 최종적으로 우리는 더 나아진 기분 상태를 추구합니다.

이런 관점에서 생각해보면 매장에 방문하는 손님을 만족시키는 방법도 꽤 간단합니다. 손님이 매장에 들어올 때보다 나갈 때 더 좋은 기분이 들면 됩니다. 아이스크림이 맛있었든 응대가 좋았든 하다못해 전화로 기분 좋은 소식을 들은 장소가 우연히도(때마침) 매장이었든, 어떤 이유로든 좋은 기분을 느낀 손님은 매장 방문 이전과 이후 사이에 겪었던 기분의 변화를 '매장 방문 경험'이라는 이름으로 마음과 기억에 새기게 됩니다.

저는 이 입장과 퇴장 사이의 기분 차이를 '기분 차'라고 부릅니다. 방문하신 손님이 (좋은 쪽으로) 큰 기분 차를 느낄수록 우리가 그 손님을 만족시켰다고 할 수 있습니다. 매장에서 일하는 모든 구성원은 손님의 기분에 직간접적인 영향을 끼칩니다. 그중에서도 최전

선에서 손님을 응대하는 접객원은 가장 가까이 있는 만큼 보다 막중한 임무를 지닌 사람이라 할 수 있습니다.

식당이나 카페를 방문하기 전에 우리는 각종 앱으로 손님들의 평가와 반응을 미리 확인하곤 합니다. 그때마다 음식이나 공간 못지않게 신중히 고려되는 요소가 바로 현장에서의 응대입니다. 매장이 불친절하다는 이유로 낮은 별점을 받았다면 가기가 조금 꺼려지는 것이 사실입니다. 눈에 보이지도 않는 친절함이 뭐가 그리 특별해서 이렇게나 자주 언급되고 방문 여부를 결정하기까지 할까요.

앞서 키오스크에 대한 제 부정적인 의견을 말씀드렸습니다. 현재 키오스크나 서빙 보조 로봇 관련 산업이 확대되고 있는 이유에는 여러 현장에서의 인력 부족이나 인건비 문제도 있지만, 친절을 시스템화하기 어렵다는 이유도 한몫할 겁니다. 그렇다면 사람의 친절과 불친절을 측정하는 것이 무의미한, 로봇이나 기계로만 채워진 가까운 미래의 자동화 식당을 상상해봅시다.

우선 키오스크를 통해 주문을 합니다. 이쯤 되면 키오스크도 4세대쯤으로 인간친화적이고 깔끔한 인터페이스와 매끄럽고 빠른 주문을 자랑할 겁니다. 메뉴를 주문하니 주방 로봇이 음식 만드는 과정을 생생하게 보여줍니다. 로봇팔들이 위험한 불 앞에서 정량의 재료와 정확한 조리법으로 척척 요리하고 플레이트에 옮겨 담습니다. 뒤이어 서빙 로봇이 완성된 음식을 내가 앉은 자리까지 안전하고 부드럽게 가져옵니다.

재료의 양과 조리법을 엄격하게 준수한 음식이 맛없을 리는 없습니다. 하지만 진지하게 우리 주변의 모든 식당이 그러한 형태라고 상상해본다면 어딘가 께름칙한 기분이 들지 않습니까? 이런 식당에서 소개팅을 한다고 생각하면 그 분위기가 한층 잘 이해될지도 모르겠습니다.

우리가 음식을 먹는 것은 단순히 배를 채우기 위함이 아닙니다. 앞서 상상한 풍경은 무인자동화 시대의 태동기인 지금으로서는 꽤 흥미롭고 뉴스에 나올법한 모습입니다. 하지만 만약 그것이 정말로 일상화

된 시대라면 어떨까요? 놀라움은 머지않아 익숙함으로 바뀌고, 매장의 효율성에만 근거한 자동화 식당에서 음식을 먹는 경험은 오직 생명을 유지하기 위한 식사(혹은 행위)로 전락할 것입니다. 식사를 통해 수많은 문화를 쌓아온 우리가 완전 무인자동화 매장에서 진정으로 좋은 기분을 느낄 수 있을까요?

그럼에도 요즘 로봇들이 각종 업계와 매장에 앞다투어 도입되는 것은 크게 두 가지 이유 때문입니다. 첫 번째는 운영의 용이함입니다. 사람보다 효율이 극대화된 로봇이 훨씬 관리비가 덜 드는 것은 잘 알려진 사실입니다. 정해진 일이라면 기술적으로 사람보다 더 뛰어날 것이 분명하고요. 관리만 잘해준다면 사람처럼 그날그날의 컨디션에 따라 업무 효율이 달라지지도 않습니다. 더군다나 출생 인구가 갈수록 줄어들다 보니 로봇의 역할이 필수적으로 더 커질 수밖에 없다는 합리적 예측도 있습니다.

두 번째는 제품과 공간을 넘어 오직 사람만이 줄 수 있는 의미 있는 환대의 경험이 많이 사라졌기 때문입니다. 디지털에 친숙한 세대라는 말이 사람이 주는 따스함에 덜 친숙한 세대라는 의미는 아닐진대, 사람들과 서로 감응할 일이 우리 일상에서 점점 줄어든다는 것은 참으로 안타까운 일입니다.

그러나 그 안타까움은 역설적으로 새로운 기회가 많다는 뜻이기도 합니다. 손가락 구분이 없는 장갑의 불편함을 모르다가 손가락이 다 나뉜 장갑을 꼈을 때 불현듯 편리함을 깨닫게 된 경험이 있을 겁니다. 이처럼 우리 몸과 감정이 다채롭게 반응할 수 있음을 사람이 주는 환대에서 느낄 때, 우리는 마음속에 움트는 새로운 기분을 발견합니다. 어떤 때는 그 발견이 너무 커서 삶이 오직 그런 인간적인 순간들로만 채워졌으면 좋겠다는 감동이 밀려오기도 합니다.

매장에 들어온 손님의 기분 차를 키우는 것. 그리고 나아가 멀리서 매장을 지켜봐 주시는 분들의 기분까지 고려하는 것. 그것이 우리의 절대적인 사명입니다. 그 위에 구축된 모든 형식이나 규칙은 최초의 명제에 의해 언제든 바뀔 수 있습니다. 어떤 손님은 대화를 걸 때 기분이 좋아지고, 또 어떤 손님은 조용히 드실 때 더 편한 기분이 됩니다. 이 역시 섬세하게 손님의 반응을 '들어가며' 파악해야 하는 일입니다. 품절되어 아무것도 사지 못해도 기분이 좋은 손님이 있는가 하면, 원하는 것을 다 사고도 기분이 나아지지 않는 손님도 있습니다. 기분이란 제품을 초월하는 개념입니다. 그렇기 때문에 우리는 삶의 근간을 이루는 이 좋은 기분을 드리는 일에 전부를 걸고 있습니다.

다양하고 개별적인 손님 응대 케이스는 최종적으로 '좋은 기분으로 나가셨는가?'에 '그렇다'라고 답변할 수 있을 때 새로운 정답이 됩니다. 들어오는 손님의 기분을 파악하고 어떻게 더 나아지게 할 수 있는지 고민하고 행동하는 것, 기분 차의 극대화가 바로 손님 응대의 전부입니다. 접객이라는 아름다운 활동은 시스템으로 단순화하는 순간 매력이 사라집니다. 일정한 형태를 갖추기엔 개별적인 접객의 경험이 손님 한 사람 한 사람에게 너무나도 소중합니다.

그러므로 이 책에서 손님 응대에 관한 규칙을 열거한 매뉴얼이나 딱딱한 체크리스트를 기대해서는 안 됩니다. 오히려 '무엇을'이 아니라 '어떻게'에 가깝고, '어떻게'보다는 '왜'에 가까운 내용이 담겨 있습니다. 혹 '무엇을' 해야 한다는 내용이 있더라도 '어떻게'와 '왜'에 대한 설명이 제시되지 않은 경우는 별로 없습니다. 무엇을 해야 할지는 사람마다 각자 다르게 판단할 수 있습니다. 어떻게 해야 할지도 차이가 날 수 있습니다. 그러나 왜 해야 하는지에 대해서는 모두가 비슷한 생각을 공유해야 합니다.

언젠가는 '무엇을' 해야 한다는 식의 문서를 만들어야 할지도 모르겠습니다. 하지만 그보다 선행해야 하는 일이 바로 이와 같은 마음가짐과 태도에 관한 의식의 공유라고 생각했습니다. 규정만 열거된 문서는 개인의 스타일을 전혀 고려하지 않은 것입니다. 삶에 대한 가치관과 동질감을 느끼는 일이 중요하며, 스타일의 통일은 제가 추구하는 바도 아닙니다.

이제껏 제가 해왔던 접객은 오직 제 성격과 생각, 감각에 의존했던 것이 사실입니다. 그리고 동일한 수준의 접객력을 전수하려면 표면적인 기술보다 의식의 수준까지 파고들어 알려줄 필요가 있다고 느꼈습니다. 특히 접객이라는 업무가 자신의 삶에도 도움이 되는 일이라는 사실을 충분히 이해시키고 싶었습니다.

손님만큼이나 손님을 응대하는 사람도 삶의 소중한 순간을 할애하고 있기에 일을 할 때 본인 스스로가 '좋은 기분'을 느낄 수 있어야 합니다. 즉 '좋은 기분'은 상호작용이며, 그런 기분을 만드는 일은 각자의 스타일로 마음껏 발현할 수 있습니다.

어떤 이를 기분 좋게 만드는 방식이 사람마다 다르다는 것은 그 사람의 고유한 존재 가치를 증명하는 일입니다. 자신의 무대에서 본인만의 공연을 선보이는 것처럼 말입니다. 성향이나 숙련도에 따라 발현되는 형태가 다를 수는 있습니다. 하지만 좋은 기분을 전달하겠다는 일관된 마음을 품는다면 우리는 반드시 손님과 자기 자신을 기분 좋은 상태로 만들 수 있습니다. 같은 일의 반복 속에서 스스로 기분 좋을 수 있는 메커니즘을 찾지 못한다면 일은 고작해야 지겹고 귀찮으며 성가신 노동이 될 수밖에 없습니다.

이어질 내용은 손님과 만나고 헤어지는 상황 사이

사이에 가져야 할 접객의 마음가짐을 촘촘하게 풀어 쓴 글들입니다. 짧은 접객의 순간을 프리즘을 통과한 빛처럼 하나씩 쪼개어 상세하게 풀어보면, 그 안에 무수한 아름다움이 켜켜이 쌓여 있음을 알 수 있습니다. 이 모든 순간은 우리가 일을 하며 직접 겪게 됩니다. 아름다운 것은 늘 새롭습니다. 큰 틀에서 반복되는 아름다운 일 속에서 작은 새로움을 찾아가며 즐길 수 있길 바랍니다.

녹기 전에,
흘러가는 시간을
음미하는 태도

다른 이야기에 앞서 먼저 〈녹기 전에〉가 집요하게 추구하는 가게의 태도를 말씀드릴까 합니다. 이는 물론 창업자인 저의 태도라고도 할 수 있습니다.

처음 매장을 오픈할 때는 누군가에게 이렇게 구구절절 창업동기나 제 생각을 고백처럼 이야기하게 될지 몰랐습니다. 사업성이나 아이템의 고려 없이 순전히 '시간'에 대한 생각만으로 가게를 시작했고, 그 과정에서 곰곰이 생각의 맥락들을 엮어가며 매장을 운영해왔기 때문입니다. 가게를 시작'했다'고 했지만, 제 입장에서는 거의 가게가 시작'되었다'라는 느낌에 가깝습니다. 조금 이상하게 들리겠지만 제가 당시 고안했던 방식으로는 이 일이 선택할 수 있는 거의 유일한 직업이었기 때문입니다.

지금까지 저는 줄곧 시간이라는 화두를 껴안고 살았습니다. 저에게 남은 시간이 얼마일지는 알 수 없지만 인생의 가장 큰 아름다움이자 미스터리인 시간보다 더 관심 있는 주제를 만나기는 아마 어려울 겁니다. 시각, 청각, 미각, 촉각, 후각 그리고 정신. 저를 둘러싼 세계와 제가 감응하고 관계를 맺는 모든 방식에 시간이라는 관념은 늘 하나의 축으로 작용했습니다. 어떠한 주제든 생각하다 보면 결국 시간으로 빨려 들어가기 일쑤였습니다.

그래서 한때는 시간을 빼놓고는 아무것도 이야기할 수 없을 지경이었습니다. 어렸을 땐 완전히 다른 시간의 속도를 번갈아 상상하다가 어지럼증을 느낄 정도였으니까요. 예를 들면 이런 생각을 했습니다.

짧은 시간 동안에는 눈에 보이는 사건들, 우리가 이해할 수 있는 사건들이 일어납니다. 그리고 인간은 이 짧은 시간에 주로 생리적 쾌락을 느낍니다. 이는 대부분 호르몬이 작용한 일입니다.

반면 매우 긴 시간 동안에는 인류의 역사가 묵묵히 흐르고, 우주가 장엄하고 역동적인 모습을 드러냅니다. 인간은 이런 긴 시간과 관련된 일에는 쾌락이 아닌 깊은 감동을 느낍니다. 이는 대부분 마음이 작용한 일입니다.

오래된 사진, 문득 깨달은 지나간 세월, 주름이 깊어진 부모님의 얼굴 등 단순히 기쁨과 슬픔으로 재단하기 어려운 감동은 오직 긴 시간 속에서만 가슴을 울립니다. 매우 긴 시간은 매우 짧은 시간이 오랫동안 쌓여서 만들어집니다. 그렇다면 인간의 역사는 호르몬의 역사에 가까울까요, 아니면 마음의 역사에 가까울까요. 어렸을 때나 지금이나 여전히 그 답은 알 수 없습니다.

그런데 이런 즐거운 공상에 훼방을 놓는 것이 있었으니, 바로 죽음입니다. 제가 상상할 수 있는 시간의 끝은 우주라는 사건 혹은 초월적인 시간의 끝이지만, 실제로 겪게 되는 것은 고작해야 제 인생의 끝이기 때문입니다. 숨과 사고가 끊어지면서 저를 구성하던 입자들의 연결고리가 느슨해지고 와해될 그 순간은 늘 강렬한 상상력을 불러일으켰습니다.

직장인 시절, 저를 지독하게 괴롭혔던 질문이 하나 있었습니다. 그건 바로 '죽을 때 가장 행복한 사람이 되기 위해 어떤 삶의 계획을 세워야 하는가'였습니다. 나이가 들수록 움직임도 불편해지고, 생각도 예전처럼 자유롭지 못할 테니 죽음에 대한 두려움이 점점 저를 집어삼킬 거라 생각했습니다. 그런데 제 욕심으로는 죽는 순간 가장 행복한 사람이 되고 싶었습니다.

죽기 전에 여러 가지 직업을 가져보고 싶다는 생각은 그때 싹텄습니다. 몸의 기능이 원활하지 않을 때 의존할 만한 안식처는 '즐거운 기억'뿐일 겁니다. 그래서 기억을 양적으로 많이 쌓는다면, 죽음이 조금은 두렵지 않으리라 생각했습니다. 다양한 기억을 가지려면 똑같은 일상을 반복하기보다는 조금이라도 늘 새로운 날들을 살아야 합니다. 그렇다면 아예 다양한 직업을 가져본다면? 하나의 직업을 가졌을 때보다 훨씬 많은 기억이 머릿속에 새겨지고, 언젠가 거스를 수 없는 죽음 앞에서도 추억의 정원을 가꾸며 고요히 잠들 수 있지 않을까요.

이 가설을 세우며 저는 처음엔 '5년에 한 번씩 직업 바꾸기'라는 프로젝트를 시작했습니다. 5년에 한 번, 30세를 기준으로 50년을 일한다고 해도 10개의 직업이면 그리 많지도 않다는 생각이 들었습니다.

타인이나 사회적 가치를 기준 삼지 않고 제 인생의 끝을 생각하는 과정을 통해 '평생 직업'이라는 고정관념에서 벗어나자 생각은 빠르게 유연해졌습니다. 저는 10개의 직업 중 무엇을 첫 직업으로 고를지 고민하기 시작했습니다.

지금은 기억이 미화된 탓에 직업을 찾던 과정이 꽤 즐거운 경험이었던 것 같은 착각이 들지만, 당시 일기를 들여다보면 그때의 저는 아득하고 캄캄하고 불투명한 시간 속에 잔뜩 주눅든 청년이었습니다.

직업을 5년에 한 번씩 바꿀 요량이라면 빠르게 유행을 따라가는 전략을 취해 큰돈을 버는 게 나을지도 모릅니다. 하지만 제가 남겨야 할 유산은 돈이 아니라 아름다운 기억들이었기에, 주변에서 벌어지는 소란스러운 일들에는 조금도 관심이 없었습니다. 대신 저는 직업을 찾기 위해 다시금 제 삶을 돌아보았습니다. 5년은커녕 2년도 못 가서 뭐든 시큰둥하고 지겨워했던 제가 하나의 일을 꾸준히 지속한다는 것 자체가 쉽게 상상되지 않았습니다. 그러던 2016년 초, 살을 에는 바람을 맞으며 겨우내 궁리하다가 불현듯 묘수를 찾았습니다.

직업이란 사회와 내가 관계 맺는 방식입니다. 아까도 비슷한 이야기를 했지만 우리는 시각, 청각, 미각, 촉각, 후각 그리고 정신을 통해서 우리를 둘러싼 세계와 감응하고 관계를 맺습니다. 지겨워진다는 것은 그런 감각기관들에 미치는 자극이 갈수록 적어진다는 뜻입니다.

저뿐 아니라 많은 사람이 어느 순간 자기 일을 지겨워합니다. 물론 일이 지겨워지는 데에는 다양한 이유가 있습니다. 그중에는 처음 일을 시작할 때 느꼈던 생생한 자극이 시간이 갈수록 점점 줄어든다는 것도 일을 지겹게 만드는 하나의 요인이라는 생각이 들었습니다. 그래서 어떤 형태로든 오랜 시간 같은 자극을 주어도 지겹지 않고 늘 좋아했던 일을 찾아보았습니다.

저는 면 요리와 아이스크림에서 실마리를 찾았습니다. 아주 어렸을 때부터 라면과 아이스크림에 빠져서 살았습니다. 어쩌면 아버지가 설탕과 소면을 만드는 회사에서 일하셨던 것이 가장 근원적인 이유였을지도 모릅니다. 어쨌든 그 두 가지는 한평생(이라고 해봤자 근 30년이었지만) 질린 적이 없었습니다. 개인적으로 질린다는 표현을 붙일 수 없는 명사에 가장 근접했습니다. 만약 그 두 가지 중 하나를 업으로 삼는다면 그래도 5년은 지치지 않고 붙어 있지 않을까? 라면이나 아이스크림이 질린다면 그땐 정말 내가 할 만큼 했다는 게 아닐까?

라면이냐, 아이스크림이냐. 저에겐 이 두 가지 선택만이 남아 있었습니다. 그중 한쪽으로 생각이 기운 건 주변에서 찾기 어려운, 좀 더 새로워 보이는 일에 대한 열망도 일부 작용했지만 그보다는 어렸을 적부터 품어온 아이스크림에 대한 독특한 인상 때문이었습니다.

어릴 때부터 아이스크림을 떠올리면 맛있다기보다 신기하다는 느낌이 더 강렬했습니다. 가만히 생각하면 아이스크림은 정말 이상한 물체입니다. 상온에서는 액체로 녹아 있는 상태가 더 안정적이기 때문입니다. 냉동이라는 현대 기술이 이 작고 귀여운 분자들의 세계에 새로운 질서를 부여했습니다. 공기와 아이스크림 입자에 모종의 관계가 형성되어 솟구치거나 부드럽게 퍼지면서 아름답고 새로운 형태가 만들어졌습니다. 아이스크림은 벽돌을 쌓아 건물을 짓듯 각각의 입자들이 중력을 거슬러 쌓아 올린 미시 세계의 건축이었습니다. 그리고 시간이 흐르면 다시 맥없이 가라앉아 '아이스크림'이라는 상징적인 이름조차 삽시간에 빼앗겨버릴 운명의 물체에 저는 깊이 매료되었습니다.

아이스크림은 저에게 사물이나 사람의 관계를 표현하는 작은 세계였고, 숫자 표시가 없는 시계였습니다. 실제로 집 안에서 시간의 흐름을 알려주는 것은 시계와 아이스크림뿐입니다. 두 가지 다 '흘러서' 시간을 알려줍니다. 시간을 알려주는 것들은 항상 삶과 미래

그리고 죽음에 대해서도 넌지시 교훈을 건넵니다.

시간과 아이스크림, 아이스크림에 시간의 철학을 접붙인 것. 이것이 〈녹기 전에〉의 전부라 해도 과언이 아닙니다. 제가 지금껏 느꼈고, 지금도 숨 쉬듯이 느끼고 있고, 앞으로도 느낄 시간의 소중함을 동시대 사람들과 나누고 자신의 삶을 소중히 여기라는 메시지를 전하는 일이 저의 의도이자 〈녹기 전에〉의 존재 목적입니다.

〈녹기 전에〉는 항상 시간을 주재료로 이야기 다발을 엮어갑니다. 짧게 흥했다 사라지고 말 유행은 지양합니다. 단발적이고 자극적인 것도 패스합니다. 멀리 보고 오래 봅니다. 그러다 보면 추구할 가치는 몇 가지 남지 않습니다. 대부분 오래된 감정에 근거한 것들입니다. 자극적이고 새로운 것들의 시선으로 보면 꽤 지루하게 느껴지기까지 합니다.

당연하게도 수익을 추구하고 창출하는 데 힘쓰지만, 이는 메시지를 지속적으로 전달하기 위한 하나의 수단에 불과합니다. 때로는 매출 증진이 아니라 메시지를 전달하기 위해 광고를 하고, 기부를 하거나 나무를 심기도 합니다. 이는 초시간적인 생각, 다음 세대에 대한 생각에서 싹튼 행동들입니다. 그리고 이 생각은 우리 세대의 공감대를 얻어 요즘 더욱 크게 뻗어나가고 있습니다.

〈녹기 전에〉는 이처럼 시간으로 빚은 가게입니다. 오래됐다는 뜻이 아니라 만들어진 동기 자체가 시간인 매장입니다. 시간에 대한 태도는 결국 나 자신에 대한 태도와 같습니다. 나라는 사람도 결국 시간에 종속되어 있기 때문입니다. 나는 '나라는 시간' 동안 벌어지는 사건들의 총합입니다. 매장에서 일어나는 사건들, 마주치는 사람들 모두가 내 기억과 감각에 저장되고 이는 곧 나 자신을 이룹니다.

흘러가는 시간을 음미하기 바라는 마음으로 언제나 지금이 가장 맛있는 아이스크림을 만드는 것, 그것이 〈녹기 전에〉가 하는 일의 태도입니다.

INTP

접객이란,
좋은 기분을
나누는 일

지금도 많은 업장에서는 손님과 직접 마주하는 접객 업무를 단순노동으로 여깁니다. 손님에게 친절해야 한다는 사실을 알면서도, 만들고 팔아야 할 제품과 서비스를 준비하는 데 에너지를 다 써버린 나머지 친절을 접객하는 사람의 역량으로 온전히 돌리기도 합니다.

그러나 올바른 가치관과 의식의 공유 없이, 업장의 친절도를 엊그제 급하게 구한 직원 개인의 삶에 지나치게 의탁할 경우 중대한 문제가 생깁니다. 손님에게 친절에 대한 선명하고 일관된 인상을 줄 수 없을뿐더러 자기 시간의 소중한 일부를 할애하는 직원도 배우는 것 하나 없이 소모적인 하루를 보내기 쉽습니다. 여전히 우리 사회 전반에는 접객 일을 돈을 벌기 위해 시간을 때우거나 경력 쌓기와는 무관한, 잠시 스쳐가는 일쯤으로 여기는 분위기도 어느 정도 깔려 있는 듯합니다.

저는 이러한 사회적 분위기에 아쉬움과 문제의식을 느낍니다. 새로운 제품을 생산하고 소비하는 활동이 지금보다 적었던 과거에는 오히려 제품을 건네주는 사람의 역할이 더 컸던 것 같습니다. 이 제품이 왜 필요한지, 당신의 삶이 이 제품으로 얼마나 윤택해질지 납득시키려면 누군가가 친절히 설명해줘야 했기 때문일 겁니다. 그런데 지금처럼 물건이 과하게 많아진 시대는 어떻습니까. 물건을 전달하는 사람의 기분과 역할은 도외시되고 흘러넘치는 물건 자체에만 집중하는 현상이 저에겐 굉장한 아이러니처럼 느껴집니다. 이제는 누구도 접객 일의 아름다움에 관해서는 이야기하지 않고, 어떻게 하면 복잡하게 코딩된 키오스크로 대체할 수 있을지만 고민하는 듯합니다.

어떤 일이든 일의 시작과 마무리는 섬세함을 요구하는 매우 중요한 과정입니다. 접객 업무는 제조의 마무리이자 손님과 만나는 시작점에 위치하기에 그 중요성이 배가됩니다. 특히 아이스크림을 다루는 우리 매장에서는 '제조의 마무리'와 '만남의 시작'이라는 측면이 더욱 분명한 의미를 띱니다.

아이스크림 일에서 접객을 맡은 사람은 필연적으로 제조에 적극 관여합니다. 대개 재료를 레시피대로 배합하여 그 자리에서 내드리는 음료나, 주방에서 완성된 형태를 그대로 포장해 전달하는 케이크와는 또 다릅니다. 아이스크림은 서빙 직전 제품에 힘을 가해 치댈수록 더 좋은 텍스처가 되어 완성도가 높아지기 때문입니다. 그런 의미에서 프런트는 마지막 제조 참여자라고 할 수 있습니다.

또한 접객은 손님과 가게, 혹은 손님과 브랜드가 만나는 접점에서 브랜드의 메시지를 응축해 보여줍니다. 원래 브랜드는 사람들의 머릿속에 하나의 구름처럼 존재합니다. 제품이나 이미지를 넘어 분위기나 철학 등 무어라 설명하기 어렵고 손에 잡히지도 않는 형태로 연상됩니다. 하지만 매장에 방문하는 순간만큼은 브랜드가 실체성을 띱니다. 바로 프런트가 브랜드를 대표하는 실체이자 총괄 대변인이 되는 것이죠.

이때 접객의 인상이 좋지 않다면 제품은 순식간에 본래 의도된 맛을 잃고, 브랜드라는 구름은 공기 중에 흩어지다 못해 구체적인 형태의 먹구름이 됩니다. 브랜드의 세계에서는 좋은 이유보다 싫은 이유를 설명하기가 언제나 더 쉽습니다. 언어로 설명되지 않는 은근한 매력은 상상의 여지를 남겨 사람에게 좋은 기분을 줄 수도 있습니다. 하지만 싫은 것은 매우 구체적으로, 그리고 더 확대되어 마음에 다가오는 법입니다.

맛은 하나의 지표입니다. 맛은 혀끝이 아니라 온몸으로 느끼는 것이며 좋은 기분과 밀접한 관련이 있습니다. 서비스의 질이 나빴다면 맛의 평가가 온전히 미각에서 일어났든 아니면 특정 상황에서의 기분이 더 크게 작용했든, 그 손님을 다시 볼 가능성은 거의 없습니다. 고생 끝에 제품을 만들고 서비스를 기획해도 사람이 사람을 맞이하는 짧은 순간에 모든 것이 물거품이 될 수도 있습니다. 접객은 이렇게 제조자의 세계와 손님의 세계를 매끄럽게 잇는 절대적으로 중요한 역할을 합니다.

앞서 프런트는 또 한 명의 제품 제조자라고 말했습니다. 그런데 사실 제품보다 중요한 것의 제조를 프런트가 온전히 담당하고 있기도 합니다. 바로 좋은 기분그 자체입니다. 프런트는 그 자리에서 대화와 태도를 주재료로 좋은 기분을 생산해내는 생산자입니다.

프런트의 대화와 태도에서 사람들은 자신이 기존에 매장에 대해 가지고 있던 인상을 재확인하게 됩니다. 접객의 순간 자기가 생각한 것과 같거나 더 흡족한 인상을 얻게 된다면 손님은 반드시 좋은 기분을 느낍니다. 반대로 머릿속에 떠올렸던 이미지와 상반되는 접객 경험을 한다면 손님은 들어올 때보다 좋지 않은 기분으로 문을 나서게 됩니다. 이는 제품에도 영향을 미쳐 제품 자체의 매력도 훨씬 줄어듭니다.

접객이 만드는 좋은 기분은 설령 아이스크림이 다떨어져 아무것도 팔지 못하는 상황이 온다 해도 지속적으로 생산가능한 유일한 제품입니다.

우리 매장은 매년 연말까지 영업하고 1월 한 달을 쉬어가기에 12월 마지막 날엔 꽤 이른 시각부터 매진으로 쇼케이스가 비워집니다. 그날은 더 준비하지 못한 것이 늘 죄송하기도 하고, 매진 소식을 모르는 손님이 언제 찾아올지 몰라 쇼케이스가 비워진 채로 매장에 꽤 오랜 시간을 머무르다 갑니다. 그런데 저녁까지도 많은 분이 응원과 감사 인사를 전하기 위해 아무것도 없는 매장에 들러주십니다.

그때마다 우리와 손님의 경계가 허물어지는 엄청난 경험을 합니다. 살 것도 팔 것도 없는, 그야말로 상업 기능이 사라진 겨울의 아이스크림 매장에서 서로가 나누는 따뜻한 인사를 통해 우리는 너나 할 것 없이 너무나도 아름다운 감정을 생산합니다. 그 마음으로 만나기 전보다 훨씬 좋은 기분으로 하루를, 그리고 한 해를 마무리합니다.

이처럼 접객을 통해 오고 가는 마음은 때에 따라 제품보다 훨씬 중요한 의미를 갖습니다. 그러나 무엇보다 제가 접객 일에 관해 이야기하고 싶은 핵심은 접객이 스스로를 자라게 한다는 점입니다. 6년 넘게 접객 일을 하며 전과는 완전히 다른 사람이 되어 있는 제가 바로 그 예입니다.

하나의 사례를 들어볼까 합니다. 다른 업종에 비해 아이스크림 매장은 카페만큼이나 손님들의 방문 주기가 짧은 편입니다. 아이스크림은 일상에서 다른 디저트보다 자주 접하는 기호식품이기 때문입니다. 그렇다 보니 정기적으로 뵙는 손님이 많고, 늘 일정한 요일이나 시각에 오는 손님도 있습니다. 특히 매장 위치와 업종의 특성상 평일 오픈 이후 2시간 동안은 직장인들이, 오후 3시부터 5시 정도까지는 인근 중·고·대학교 학생들이, 저녁부터 밤까지는 주민들이 퇴근길이나 산책길에 들르는 경우가 많습니다. 개인적인 생각입니다만, 직장인과 학생의 에너지는 그 느낌이 사뭇 다릅니다. 하루를 마무리하는 시간에 주로 오시는 가족 단위의 손님들에게도 각자가 가진 하루의 긴장이 풀어진 듯한 특유의 무드가 있습니다.

여러 에너지가 뒤섞이고 어린아이와 어르신이 공존하는 매장, 세대 차이 없이 같은 뉘앙스의 웃음과 순수한 기쁨을 공유하는 매장에서 한나절 동안 전 생애단계와 마주할 수 있는 직업. 오직 접객을 해본 사람만이 그 찰랑거리는 시간의 감촉을 느낄 수 있습니다.

매일 이런 식으로 시시각각 다른 손님을 만나고 또 기다리다 보면 마음에 자연히 겸손과 존중이 싹틉니다. 우리는 단순히 특정 계층의 예상 가능한 손님이 아니라 여러 세대와의 만남을 기다립니다. 이른바 힙한 사람들만 오는 매장이라거나, 하교 후의 학생들만 찾는 매장이 아니기에 넓은 포용력과 겸허함으로 손님을 맞이합니다. 사실 시간대별로 서로 다른 사람들을 맞이하면서 매번 태도를 바꾸어 연장자는 공경하고 어린이는 편하게 대하는 게 더 어렵습니다. 똑같이 모두를 공경하는 태도를 가지는 것이 효율 면에서도 낫습니다. 겸손함은 이런 방식으로 매우 자연스럽게 일과 우리 안에 깃듭니다.

그날그날 내뿜는 브랜드 컨디션은 프런트의 컨디션에 크게 좌우될 수밖에 없습니다. 브랜드와 손님의 최종 접점이 바로 접객이기 때문입니다. 이 접객을 바탕으로 브랜드와 손님 사이에 접선과 접면이 만들어집니다.

일을 하다 보면 어떤 날은 개인적인 연유로 피로할 때도 있고, 기분이 좋지 않은 날도 있습니다.

그러나 우리는 모든 일대일 접객이 우리를 대표한다는 점을 기억해야 합니다. 좋은 기분은 자신의 기분을 맞바꾸거나 갚아먹으면서 건네는 것이 아닙니다. 그것은 오직 자가 복제를 통해서만 나눌 수 있습니다. 따라서 스스로 마음을 다스리지 않은 채 접객을 하면 자신의 하루도 굉장히 힘들어질 수밖에 없습니다. 일을 처음 시작했을 때에 비하면 지금의 저는 마음의 평정심을 조금 더 잘 유지하게 됐고, 마음의 근력도 키워졌습니다. 이는 일과 삶, 양쪽 기분의 온도 차를 줄이기 위해 노력했던 결과로서 모두 접객 일을 통해 얻은 삶의 값진 태도였습니다.

살아가면서 지식보다 지혜나 태도를 배우는 일이 더 어렵습니다. 머리보다 마음에 무언가를 받아들이고 새길 수 있는 용량이 턱없이 부족하기 때문입니다. 그래서 꾸준하게 보고 듣고 경험한 것이 내 마음에 새겨지기까지는 생각보다 오랜 시간이 걸립니다. 이런 관점에서 일은 태도를 형성하는 데 매우 중요한 역할을 합니다. 매일 반복되는 업무를 꾸준히 오랫동안 행하는 것이 일이고, 오랜 기간 일을 통해 얻은 태도는 다시 내 삶에 고스란히 접목됩니다. 일을 다루는 방식이 곧 삶을 살아가는 방식입니다. 어지럽고 방황하기 쉬운 삶에 하나의 튼튼한 척추가 되어주는 것이 바로 일에서 얻은 태도라고 할 수 있습니다.

　소규모 인원으로 구성된 매장은 기본적으로 밴드의 공연장과 비슷합니다. 뮤지션들은 공연장에서 연주하기 전에 긴 시간을 들여 세팅된 악기와 앰프를 최적의 상태로 조율합니다. 최고의 공연은 최고의 연주에서 나오고, 최고의 연주는 최고의 세팅에서 나오기 때문입니다. 일하는 사람은 자신이 행하는 일의 리듬 그 자체를 즐겨야 합니다. 그리고 그 리듬은 기본적으로 걸리는 것 없이 매끄럽게 잘 준비된 무대에서 출발합니다. 매장에서 좀 더 매끄럽게 일하기 위해 필요한 게 있으면 언제든 의문을 가지고 의견을 공유해야 합니다. 세팅이 나쁘면 리듬이 생길 수 없고 접객에도 완전히 몰입하기 어려워집니다.

　하나의 곡을 각 연주자들이 함께하는 것처럼 매장

에서도 모든 멤버가 함께 유기적으로 일에 관여합니다. 드럼 소리를 듣지 않고 마음대로 기타를 연주하거나 노래할 수 없는 것처럼, 사방에서 들리는 소리나 멤버들의 움직임에 항상 집중하지 않으면 매장은 삽시간에 불협화음인 음악으로 바뀝니다. 사람들은 리듬이나 음정이 아주 조금만 불안해도 눈치를 채고 한동안 몰입감을 잃습니다. 매장은 전 구성원이 노력하는 가운데 준비된 것들로 완벽한 연주를 펼칠 수 있게 해야 합니다.

일의 가장 완벽한 형태는 단순한 구조입니다. 재미있는 일을 재미있는 사람들과 재미있게 한다. 그뿐입니다. 만약 일의 어딘가가 삐그덕대는 소리가 난다면, 그건 일 자체의 매력도와 함께하는 사람들 그리고 일하는 방식 중 어딘가에 문제가 생겼다는 뜻입니다.

아이스크림 접객 일은 주로 사람들의 천진난만함을 바라보고 또 유지해주는 일입니다. 나이가 많든 적든 아이스크림 가게에 들어오는 사람들은 항상 눈에 생기를 띠고 있습니다. 그 생기는 아이스크림을 고르고 주문하는 동안 더욱 도드라지고 제품을 전해드릴 때

극에 달합니다. 우리는 사람들이 나이와 상관없이 가지고 있는 그 순수한 눈빛을 절대 배반해서는 안 됩니다. 우리가 하는 일의 책임감은 모두 그 눈빛에 담겨 있습니다. 눈앞에 기분 좋은 사람, 기대로 가득 찬 사람을 응대하는 일은 우리의 짧은 삶에서 축복에 가깝다는 사실을 꼭 기억했으면 합니다.

5.0

인기 많은 메뉴 순위

10. 아이스크림의

9. 맛 선호도는

8. 인기의

7. 문제가

6. 아니라

5. 각자가 가진

18.0

4. 취향의

3. 문제

26.0

2. 입니다.

1. 쌀

32.0

직접 만듭니다..

*

좋은 기분은 자신의 기분을 맞바꾸거나
갉아먹으면서 건네는 것이 아닙니다.
그것은 오직 자가 복제를 통해서만
나눌 수 있습니다.
따라서 스스로 마음을 다스리지 않은 채
접객을 하면 자신의 하루도
굉장히 힘들어질 수밖에 없습니다.
일을 처음 시작했을 때에 비하면 지금의 저는
마음의 평정심을 조금 더 잘 유지하게 됐고,
마음의 근력도 키워졌습니다.
이는 일과 삶, 양쪽 기분의 온도 차를
줄이기 위해 노력했던 결과로서
모두 접객 일을 통해 얻은 삶의 값진
태도였습니다.

2장

좋은 기분 만들기

기다릴 때,
창문 밖의 기쁨을
잊지 않기

　우리의 하루는 기본적으로 손님들과의 끝없는 만남으로 채워집니다. 하루의 시작과 마무리 사이에 많은 인연이 우리 앞에 놓인 쇼케이스 너머로 스쳐 지나갑니다. 모두 각자의 자리에서 서로 다른 삶을 충실히 살아가는 사람들입니다. 생각하면 할수록 이들과 마주하는 순간은 드넓은 우주에서 서로의 삶이 잠시 맞닿는 극적이고 귀한 사건입니다.

　모든 손님의 방문은 진심으로 감사해야 할 일입니다. 의례적으로 하는 말이 아닙니다. 우리 매장은 다른 목적으로 왔다가 우연히 방문하기에는 꽤 접근성이 떨어지는 장소에 있기 때문입니다. 즉, 손님들이 〈녹기 전에〉에 방문하려면 반드시 이곳까지 올 명확한 계획을 세워야만 합니다. 그래서 손님의 방문은 굉장한 사건입니다.

그 계획은 방문하겠다는 생각이 떠오르는 것으로 시작해서 친구들이나 연인과 약속을 잡고 날짜와 교통편을 확인하는 식의 세세한 과정을 거쳐야만 완성됩니다. 어쩌면 손님들은 우리가 기다리던 것보다 더 긴 시간 동안 이 방문을 계획했을지도 모릅니다. 게다가 약속이란 늘 그렇듯 항상 실행되는 것도 아닙니다. 도중에 사정이 생기거나 다른 매력적인 스케줄로 대체될 가능성도 충분히 있습니다.

그 모든 대안을 뒤로하고 친구와 약속을 잡고 집에서 출발하여 온갖 난관을 뚫고 이곳에 왔다는 것은 글자 그대로 얼마나 감사한 여정이며 기적에 가까운 일인가요. 우리가 손님께 감사해야 하는 이유는 무언가를 구매해주셨기 때문이 아닙니다. 이곳까지 와주셨다는 것 자체가 이미 과분하게 감사할 일인 겁니다.

그래서 손님을 기다리는 것도 하나의 일이며 절대 허투루 할 수 없습니다. 예상할 수 없는 만남을 앞두고 손님을 기다리는 시간은 안에 뭐가 들었는지 모를 선물상자를 열기 직전의 기대감과 비슷합니다. 마치 특별한 날 상을 근사하게 차려놓고 연인이나 친구, 가족들이 도착하기를 기다리는 일과 별로 다르지 않습니다. 차려진 식기들의 각도를 계속 매만지고, 음식의 간을 세심하게 체크하고, 모든 것이 제자리에 준비되었는지 확인하는 일은 누가 시켜서가 아니라 마음이 그렇게 작용하기 때문입니다.

이처럼 기다림의 가장 큰 덕목은 매장과 스스로의 컨디션을 손님맞이에 적합한 상태로 근사하게 유지하는 것입니다. 손님이 도착했을 때가 아니라 도착하기 전부터 일사불란한 모습으로 마치 오랫동안 이대로 준비된 장소와 상황처럼 만드는 것, 그래서 도착한 손님이 편안하게 입장하고 매끄럽게 주문하실 수 있도록 하는 것이 바로 기다림의 태도입니다.

우리가 하루 중 어떤 손님을 맞이할지는 아직 알 수 없고, 손님들 또한 어떤 메뉴가 남아 있을지 전혀 알지 못합니다. 서로가 가진 이 아슬아슬한 정보의 불균형을 바탕으로 익숙하거나 새로운 관계의 시작이 될 만남이 곧 벌어집니다.

매장에서 손님을 기다리는 일은 피니시 라인에서 몸과 마음이 잔뜩 상기된 마라톤 주자를 기다리는 일과 같습니다. 이곳에 오기까지 우리가 도와드릴 수 있는 일은 아무것도 없었지만, 도착함과 동시에 감사와 응원을 아끼지 않아야 합니다. 그러기 위해서는 스탠바이 상태가 매우 중요합니다. 손님이 문을 열고 들어오는 바로 그 순간에 온몸의 신경이 즉각적인 환대의 기운으로 반응할 수 있어야 합니다. 그런데 기다리는 상태에서 이미 집중력을 잃었다면 자다 깬 듯한 상태로 손님을 맞이할지도 모릅니다. 기대감에 차오른 손님은 이를 반드시 알아보기 마련입니다.

많은 손님이 매장을 방문하기 전에 이미 매장의 모습을 인지하고 있습니다. 그렇기 때문에 우리는 항상 손님의 등장을 의식해야 합니다. 처음이지만 기시감을 느끼는 듯한 방문 속에서 그 등장을, 섬광처럼 찰나에 일어나는 설렘의 순간을 제대로 맞이하지 못한다면 환대는 시작부터 고유한 빛을 잃게 됩니다.

어떤 손님들은 매장에 들어오기 전에 가게의 전경부터 찍기도 합니다. 유리창 밖으로 그 모습이 보일 때 낯선 동네를 향해 먼 길을 걸어왔을 손님들을 위해 손가락으로 브이 같은 제스처를 취해준다면 어떨까요. 그러면 손님들은 긴장과 피로가 사라지고 매장에 들어오기 직전부터 이미 좋은 기분이 되어 있을 겁니다. 작은 행동으로 사람들에게 큰 즐거움을 주는 것은 대단히 효과적인 일입니다. 이를 통해 받는 사람도 그리고 주는 사람도 여유로운 기분을 느낄 수 있습니다.

제품이 가게에 이미 준비된 것처럼, 좋은 기분을 전해드리는 일도 손님을 만나기 전에 미리 준비해야 합니다. 손님을 기다리는 시간이 짧든 길든 매끄러운 접객을 위해 모든 것이 제자리에 준비되어 있어야 합니다. 쇼케이스 내의 아이스크림은 너저분하지 않도록 깔끔하게 모아 먹음직스러운 상태를 유지해야 합니다. 어렵사리 도착한 손님이 앉을 의자는 항상 정해진 위치에 가지런히 두어야 하며, 쓰레기통도 늘 깔끔하게 정리해야 합니다. 기대를 품고 도착한 매장이 정돈되지 않았거나 신경 썼다고 보기 어려울 정도로 먼지가 쌓여 있다면 기대는 곧바로 실망으로 전락할지도 모릅니다.

스푼이나 컵 같은 소모품도 미리 체크해서 가능한 한 접객 중간에 손님과의 커뮤니케이션이 끊어지지 않게 합니다. 매장 안의 모든 것이 연극의 무대장치라 생각하고 모든 미장센을 정확하고 완성도 있게 준비해야 합니다. 커뮤니케이션이 매끄럽게 진행되지 못하면 신뢰감을 형성하기 어렵고, 매장이 주먹구구식으로 돌아간다는 인상이 묻어날 수밖에 없습니다.

손님을 기다리는 동안은 다른 생각에 잠기기도 하지만 대개는 멍하니 있거나 휴대폰을 쳐다보고 있기 십상입니다. 차라리 손님을 맞고 있을 때는 몸을 움직이며 무언가를 하고 있다는 자기효능감을 느낄 수 있습니다. 하지만 하염없이 기다리고만 있을 때는 적막 속에서 무용하게, 소중한 시간을 버리고 있다는 느낌이 들기도 합니다. 정해진 자리에서 누군가를 기다리는 것은 때론 몹시 무기력한 일입니다. 우리는 이처럼 하루 종일 방문 판매나 판촉 같은 적극적인 판매 형태와 정반대되는 상황에 놓입니다.

저도 예전에 혼자서 일하던 시절에는 하염없이 손님을 기다릴 때 더 이상 할 수 있는 게 없다는 생각에 몸이 잔뜩 움츠러들 때가 많았습니다. 유동인구가 많은 곳이다 보니 가게 문 앞을 지나치는 사람은 많은데 들어오는 사람은 없었습니다. 이런 기다림의 시간은 마음만 초조해지고 조바심이 나 마치 지옥처럼 느껴졌습니다.

하루는 또 어찌나 긴지 그때는 지나치는 사람들을 보는 것조차 스트레스가 되어 1평도 안 되는 매장 화장실에 숨어 있었습니다. 그러다 가끔씩 손님이 들어오면 바닥난 자신감을 뚫고 어색하기 짝이 없는 모습으로 손님을 맞이하곤 했습니다. 하지만 어느 순간부터 화장실에서 나와 누가 보든 안 보든 그냥 내 할 일을 하는 게 낫겠다 싶어 기운을 냈습니다. 시간이 날 때마다 메뉴나 콘텐츠 아이디어를 떠올리기도 하고, 더 열심히 손님을 맞을 준비를 했습니다. 그렇게 고뇌의 시간을 보내며 차츰 우리 가게만의 개성이 드러나기 시작했습니다.

물론 사장과 근무자의 입장에는 큰 차이가 있겠지

만, 그저 이 고요한 시간이 빨리 지나가버리면 좋겠다는 식의 생각만으로는 자신에게도 절대 도움이 되지 않습니다. 한정적으로 주어진 소중한 시간의 일부를 사용하는 자신을 위해서라도, 자기만의 방식으로 하루를 다채롭게 가꾸어가는 게 좋습니다. 고요한 시간 사이로 아이디어와 새로운 변화, 자기만의 깨달음을 발견하려는 노력을 기울일 때 우리는 비로소 일을 하루를 채우는 '자기표현의 수단'으로 전환할 수 있습니다.

근무자에게는 시간을 적당히 바쁘게 보내는 게 훨씬 유익하다는 사고의 전환이 필요합니다. 일을 통한 자기 발현은 사고의 전환에서 나옵니다. 인생은 생각보다 짧습니다. 기다리는 시간 동안 쉬면서 몸과 마음을 가다듬는 것도 당연히 필요합니다. 하지만 일정 수준 이상의 시간이 주어진다면, 집중력이 흐트러진 상태로 있기보다는 기다림을 유용한 시간으로 맞바꿀 수 있는 방법을 찾아보는 편이 좋습니다.

아무리 기다림이 중요해도 바쁠 땐 그 주기가 초 단위로 짧아져 태도라는 것이 다 부질없어 보이기도 합니다. 바쁜 상황에서는 쉬는 것이 거의 숨 한번 짧게 들이쉬는 쉼표에 가까울 때도 있습니다. 이 짧은 시간 동안 흔들림 없이 맑은 에너지를 유지하며 손님을 응대할 수 있도록 틈틈이 자신의 체력과 기분, 심리 상태를 빠르게 가다듬어야 합니다. 물론 체력적으로, 또 정신적으로 지치는 일입니다. 그러나 정신을 바짝 차리고 손님과 자신의 심리적 거리를 빠르게 인식한 뒤 짧은 시간 동안 서로에게 가닿을 수 있도록 훈련해야 합니다. 이는 단순히 손님을 위해서가 아닙니다. 업무가 바쁜 와중에도 흐트러짐 없는 평형 상태를 유지하고 또 일을 즐기기 위한 하나의 전략입니다.

가끔 매장 측면의 창문으로 누가 보아도 기분이 좋은 듯한 사람이 지나가곤 합니다. '저 사람 오늘 좋은 일 있나 보다'라고 생각했는데 몇 초 뒤에 그 사람이 매장 문을 열고 들어올 때가 있습니다. SNS를 통해서든 재방문이든, 이미 우리 가게에 대한 즐거운 경험을 갖고 오는 분들이죠. 그때 저는 우리가 하는 일이 얼마나 멋지게 '예고된 기쁨'을 전하는 일인지를 생각하게 됩니다. 기다림의 순간에는 늘 이 창문 밖의 기쁨을 잊지 않았으면 합니다.

좋은 기분의 3할은
인사

인간이 누리는 큰 행복 중 하나는 마음속에 쌓아 올린 기대감을 서서히 음미하고 해소하는 과정에 있습니다. 우리는 아주 오랫동안 먹고 싶었던 음식을 한입에 삼켜버리거나, 보고 싶던 전시를 빠른 걸음으로 순식간에 보지 않습니다. 반대로 온 신경과 감각을 집중해 시간을 들여 만끽합니다. 인간은 기대감이 해소된 상태가 아니라 해소되는 과정 자체에서 행복을 느끼기 때문입니다.

매장 경험도 마찬가지입니다. SNS나 친구를 통해 〈녹기 전에〉를 알게 되고, 어쩌다 한 번씩 소식을 접하면서 마음 한 켠에 매장의 이미지가 조금씩 만들어집니다. 그러다 마침 근처에 가야 할 일이 생겨 약속을 잡고 친구와 매장으로 향하는 전 과정에 기대감이 차곡차곡 쌓입니다. 이 가득 쌓인 기대감은 매장 경험을 통해 마침내 해소되면서 행복이라는 이름의 에너지로 전환됩니다. 다시 말하지만, 아이스크림을 다 먹은 상태가 아니라 매장 문을 열고 들어와 오감으로 매장을 느끼면서 스푼에 얹어진 아이스크림을 떠먹는 과정 자체에 행복의 진짜 열매가 있습니다.

미지의 손님을 기다리는 과정과 아이스크림을 내드리는 과정 사이에는 입장하는 손님을 맞이하는 과정이 있습니다. 매번 경우가 다르긴 하지만, 저는 손님들이 가진 기대감의 30퍼센트는 맞이하고 인사하는 과정에서 해소된다고 생각합니다. 짧은 순간이지만 매장의 인상이 정해지는 이 결정적인 순간에 지녀야 할 마음가짐에 관해 이야기를 해보겠습니다.

첫인사는 첫인상의 얼굴과 같습니다. 사람은 첫인사만으로도 많은 것을 판단합니다. 우리는 왜 인사를 할까요? 냉정하게 따지고 보면 인사는 그리 효율적인 언어가 아닙니다. 인사는 대화의 시작을 알리는 신호일 뿐, 우리의 목적은 그 뒤에 이어질 내용에 있기 마련입니다. 그런데도 우리는 어째서인지 사람을 만나면 늘 인사부터 건넵니다. 평생 우리가 남발했던 인사를 합하면 꼬박 하루 정도는 채울 수 있을 겁니다. 이것은 다 무의미했던 시간일까요?

아닙니다. 인사는 매우 중요한 의미를 지닙니다. 인사는 간단히 말해서 서로의 존재를 알리는 일입니다. 즉, 나의 현재 상태와 대화에 임하고자 하는 의지 등을 드러내는 수단입니다. 하루에 적어도 한 번은 듣게 되는 '안녕하세요' 인사 하나만으로도 우리는 서로의 기분과 상태, 나아가 성격을 짐작할 수 있습니다. 같은 글자임에도 사람들이 전하는 '안녕하세요'는 놀랍도록 다른 인상을 줍니다.

살다 보면 압도적으로 매력적인 인사를 건네는 분들을 마주칠 때가 있습니다. 사람을 주목하게 하고 친절한 인상을 주며 이 사람의 삶은 가지런할 것이라고 자연스럽게 추측하게 되는 인사 말입니다. 그런 인사를 들으면 저는 '이 사람은 뭔가 있다'라는 생각과 함께 그가 자기 삶을 어떻게 펼쳐나가고 있을지 굉장히 궁금해집니다. 그리고 표정과 행동 하나까지 주시하게 됩니다. 좋은 인사는 인간이 가진 매우 강력한 무기 중 하나입니다.

인사가 무기가 될 수 있는 건 똑같은 단어를 말하더라도 목소리의 톤에 담긴 비언어적 메시지가 언어 그 자체의 의미보다 훨씬 중요하기 때문입니다. 우스운 상상이지만, '안녕하세요' 대신 '죄송합니다'라고 말하더라도 뚜렷한 어조로 전한다면 본래 단어가 가진 의미를 압도하고 분명 인사처럼 들릴 겁니다.

이처럼 인사는 단순히 몇 개의 글자로 구성된 짧은 문장이 아닙니다. 글자나 언어보다 역사가 한참이나 오래된 비언어가 인사의 주된 내용입니다.

다시 강조하지만, 우리는 손님에게 좋은 기분을 드려야 합니다. 정말이지 그거 하나면 됩니다. 좋은 기분은 '기쁨'이나 '쾌락'처럼 정해진 기분이 아니라 '전보다 나아진 기분'입니다. 그래서 손님의 입장과 퇴장 사이의 기분 차를 극대화해야 하고, 이를 위해서는 당연히 입장 시의 기분을 파악하는 일이 선행되어야 합니다.

인사에도 마찬가지로 기분 파악이 우선입니다. 누가 봐도 우울해 보이는 손님에게 다른 손님에게 그랬듯 똑같이 한껏 고조된 인사를 건넨다면, 아무리 마음을 다했다 해도 그 손님에게는 그저 기계적인 인사로 느껴질 가능성이 큽니다.

쉬운 일은 아닙니다만 들어오는 손님의 눈빛과 표정과 움직임을 유심히 살펴보면 현재 기대감과 바깥의 날씨 상황, 매장의 혼잡도 등을 어떻게 의식하는가를 짐작할 수 있습니다. 인사는 이때 했던 짐작을 드러내는 일종의 '유도신문'입니다. '내가 생각할 때 당신은 현재 이러이러하게 느끼는 것 같군요, 맞나요?'를 표현하며 감정의 결을 맞추고 공감의 장을 형성하는 세련된 기술입니다. 그래서 인사의 톤은 손님에 따라 달라질 수 있고, 또 반드시 미묘하게 달라져야 합니다.

저는 인간의 고통이나 슬픔 등 마음에 응어리져 풀어지지 않는 부정적인 감정들의 대부분은 그 감정을 정확하게 표현할 수 있는 언어를 찾기만 해도 해소된다는 말을 믿습니다. 적절한 인사는 상대의 감정 상태를 투시할 수 있는 엄청난 무기이자 소통의 열쇠입니다. 감정의 결을 맞추고 마음의 문을 열면 많은 것이 바뀝니다. 손님의 방문이 잦아지는 것은 둘째 치고 무엇보다 손님들을 응대하며 우리의 일상에도 튼튼한 감정적 네트워크가 형성됩니다.

글자로만 보면 아무런 정보도 담기지 않은 듯한 인사는 발화되는 순간 생명력과 생동감 그리고 공감 능력이 집약되어 표출됩니다. 손님이 매장까지 고이 품어온 기대감의 일부를 인사만으로도 충족시킬 수 있다는 것은 멋진 일입니다. 아무리 좋은 제품이라도 만족스럽지 않은 접객의 끝에 등장한다면 그 빛을 잃고, 반대로 특별한 친절은 제품을 본래의 의미보다 훨씬 값지게 만듭니다. 따라서 인사가 제품을 만든다고 해도 과언이 아닙니다.

똑같이 이렇게 해야 한다는 의미는 결코 아니지만, 저는 단체 손님이 오셔도 가끔은 한 분 한 분께 따로 인사를 드립니다. 한 사람씩 눈을 마주 보고 '안녕하세요'라는 인사를 건네는 것은 꽤 머쓱한 일인데요. 팀으로 오셔도 응대는 기본적으로 일대일 관계입니다.

그래서 한 사람 한 사람의 기분을 세심하게 파악하는 것이 중요하고, 또 자기만의 방식으로 노력하는 자세가 필요하다는 걸 기억해야 합니다.

'내 예상대로 환대하는 곳이구나', '인사만으로도 기분이 좋아지는 곳이구나' 하고 느낄 수 있는 공간을 마련하는 것은 하루 이틀은 쉬울지 몰라도, 매일 반복하기에는 여간 까다로운 일이 아닙니다. 개인적인 일로 매일 들쭉날쭉한 자신의 기분과 체력도 감안해야 하기 때문입니다. 그래서 아름다운 인사에는 한 사람의 일과 삶 전체가 필요합니다. 한자로 인사人事가 '사람의 일'인 데에는 분명 이유가 있습니다.

자신이 기억하거나 알아보는 손님이라면 누가 말하지 않아도 더 반갑게 인사할 겁니다. 그러나 〈녹기 전에〉는 꼭 한번 가보고 싶다는 생각으로 오랫동안 지켜봐 주신 분들도 많습니다. 이분들도 사실 여러 차례 방문하신 기존 손님과 다름없습니다. 따라서 이 방문이 얼마나 오랫동안 예고된 일인지를 생각하며 늘 반가움을 표현해야 합니다. 반갑다는 감정은 일상을 환하게 만듭니다. 반가운 상황을 많이 마주할수록 우리 자신도 하루를 잘 보냈다는 기분이 들 겁니다.

이야기가 좀 두서없었지만, 요약하자면 이렇게 정리할 수 있습니다. 인사를 하기 전에 손님의 기분을 빠르게 파악할 것. 그 기분과 같거나 조금 더 나은 상태의 인사를 건넬 것. 그리고 이를 의식하고 있을 것.

앞서 인사말의 내용보다 톤이 더 중요하다고 이야기했습니다. 그래서인지 사실 첫인사의 종류가 그리 다양하지는 않습니다. 고작 '안녕하세요', '반갑습니다', '어서 오세요', '환영합니다' 정도랄까요. 모두가 알고 있고, 자주 쓰고 듣는 말들입니다. 그러나 개인적으로 이 몇 개 안 되는 인사말 중에서도 가급적 하지 말아야 할 인사가 있다고 생각합니다.

'안녕하세요', '반갑습니다'는 딱히 위화감이 없습니다. 그러나 인사로서 '어서 오세요'나 '환영합니다'라는 말은 뉘앙스의 측면에서 조금 생각해볼 필요가 있습니다. 너무 예민한 생각일 수도 있지만 '어서 오세요'라는 말은 '어서'라는 부분 때문인지 어딘가 모르게 빨리 와서 주문하고 빨리 드시고 빨리 나가라는 인상이 있습니다. '환영합니다'는 손님의 기분 상태를 고려하지 않고 와락 껴안는 느낌이라 조금 부담스러울 수도 있습니다. 매장을 천천히 은근하게 둘러보고 싶은 손님에게도, 그리고 인사 또한 감정을 꽤 수반하는 일인 만큼 우리에게도 매번 사용하기에는 다소 지치는 말 같습니다. 진짜 환영은 접객 자체에서 자연스레 드러나면 됩니다. 하지만 제가 미처 예상하지 못했던 느낌으로 충분히 마음에 울림을 줄 수 있다면 '어서 오세요'나 '환영합니다' 역시 좋은 인사입니다.

하나 더 말씀드리자면, 사람뿐 아니라 공간이 건네는 인사도 있습니다. 공간은 손님을 오감으로 환대합니다. 날씨에 맞는 음악이나 적절한 소음, 좋은 향과 매끈하게 잘 정리된 테이블 등을 통해서도 들어오는 손님에게 입체적인 인사를 전할 수 있습니다.

짧은 인사 하나만으로도 드려야 하는 이야기가 이렇게 잔뜩 있습니다. 매일 거울을 보고 건강한 체형을 관리하는 것처럼, 자기 인사의 모양새를 관리하는 일은 삶의 태도를 비추는 거울을 보는 것과도 같습니다. 결국 내 일은 내 삶의 축소판임을 기억해야 합니다.

마음의 주파수를
맞추는 일

모든 가게는 일종의 종합 예술이자 연극 무대입니다. 소란스러운 도시나 드넓은 거리와 같은 외부 세계로부터 단절된 작은 공간 안으로 손님이 입장합니다. 바로 그 순간부터 매장을 구성하는 모든 요소가 펼치는 짧은 연극이 시작됩니다. 그와 동시에 손님은 한동안 몰입할 만한 세계에 빠져듭니다.

어떤 가게는 멋진 컨셉으로 잘 꾸며서 문밖의 시간과 일상적 공간에 속하지 않은 듯한 색다른 에너지를 발산합니다. 또 어떤 가게는 매장을 지키는 인물들의 아우라로 매장의 매력을 더욱 배가시킵니다. 손님들은 매장이 여러 방식으로 펼쳐내는 이 다양한 분위기를 마치 작품처럼 즐깁니다.

우리 매장도 여느 가게들과 조금 다른 점이 있습니다. 연극의 형식을 빌려 설명하자면 '관객 참여형 연극'에 가깝다는 점입니다.

연극에서 무대와 객석 사이를 가르는 가상의 벽을 '제4의 벽'이라고 합니다. 일반적인 무대에서 연기를 펼치는 배우들은 마치 관객이 눈앞에 없는 것처럼 연기합니다. 그러나 관객 참여형 연극에서는 관객도 극을 구성하는 하나의 중요한 요소가 됩니다. 공연의 느낌은 매일 객석을 채우는 관객의 에너지와 분위기에 따라 달라집니다.

우리 매장도 그렇습니다. 〈녹기 전에〉는 매장에서 펼쳐내는 콘텐츠나 방명록 등 온·오프라인으로 손님들과 나누는 여러 방식의 교감이 매장 이미지의 중요한 부분을 형성합니다.

매장에서 쇼케이스라는 제4의 벽을 넘어 교감을 주고받을 수 있는 가장 쉬운 방식은 바로 대화입니다. 섬세한 첫인사로 손님을 맞이하고 나면 손님과 매장의 상황에 따라 길고 짧은 대화가 이어집니다. 이 대화를 통해 우리는 손님과 깊은 연대감을 형성합니다. 손님이 매장에 어떤 인상을 어느 정도로 가지고 있는지, 그리고 얼마나 가깝게 다가가야 할지도 나누는 이야기에서 파악할 수 있습니다. 매끄럽게 이어지는 대화가 손님의 좋은 기분에 기여하는 정도는 때에 따라서는 제품 자체의 기여도와 맞먹습니다. 그러므로 접객하는 사람에게는 대화도 또 하나의 제품이라는 수준 높은 의식이 필요합니다.

매장에 도착한 손님은 문을 열고 들어오는 순간의 첫 시선에 따라 주요 방문 목적이 몇 가지로 나뉩니다. 고개를 한 바퀴 돌리며 매장 내부를 먼저 둘러보는 손님도 있고, 호기심에 찬 눈빛으로 쇼케이스를 응시하며 들어오는 손님도 있습니다. 또 매장에서 일하는 사람의 눈을 뚫어져라 바라보며 들어오는 손님도 있습니다.

이 손님들은 각각 공간, 제품, 사람에 대한 인상을 가장 강렬하게 의식하고 있습니다. 이들은 모두 서로 다른 기대감을 가지고 있습니다. 큰 틀에서는 좋은 기분을 경험하고 싶다는 동일한 목적이 있습니다. 그러나 세세하게는 그것을 느끼고자 하는 의도가 조금씩 다르기에, 각각 다른 관점에서의 응대가 필요합니다. 그중에서 사람에 대한 인상을 가장 먼저 의식하는 분들을 좀 더 살펴볼까 합니다.

사람들은 자기 안에 여러 가지 페르소나를 가지고 있습니다. 특히 신체가 드러나지 않는 온라인 공간이 생기고 나서부터는 한 사람의 페르소나가 폭발적으로 세분화하기 시작했습니다. 회사에서의 나와 가족들이 아는 나, 그리고 온라인 커뮤니티에서 밈을 소비하는 나는 모두 다른 사람처럼 보입니다. 심지어 친구들과 함께 있을 때의 나와 집에서 이들에게 카톡을 할 때의 나조차 서로 다르게 느껴질 정도입니다.

제가 매장을 운영하며 발견한 놀라운 사실 중 하나는 꽤 많은 사람이 '삶의 긴장을 풀고 다소 엉뚱해진 나'라는 페르소나를 마음속 깊은 곳에 꼭꼭 숨겨두고 있다는 것이었습니다. 적지 않은 사람들이 경직된 일상에서 벗어나 잠시 소소한 일탈을 하고 싶다는 욕망을 품고 있었습니다. 그러나 이런 페르소나의 욕망을 풀어낼 수 있는 곳, 언제든 사회적인 나로 다시 돌아올 정도로 가벼운 역할놀이가 가능한 참여적 장소가 생각보다 주변에 흔치 않습니다. 그래서 보통은 가벼운 재미나 즐거움, 웃음 등을 온라인에서 소비하는 것에 그칩니다.

저는 다른 장소, 다른 환경에서는 전혀 그렇지 않은데 우리 매장에서 대화할 때만 유독 엉뚱해지는 사람들을 많이 보았습니다. 왜 그럴까 곰곰이 생각하니 그건 이제까지 〈녹기 전에〉가 보여드린 콘텐츠나 이미지가 손님들에게 '여기서는 좀 풀어져도 된다', '이곳은 말랑말랑한 모습도 허용된다'라는 암묵적인 시그널을 주었기 때문이었습니다. 여기서는 실없는 사람이라거나 별난 사람으로 오해받을 걱정을 그다지 하지 않아도 되었던 것입니다.

그래서인지 손님들은 다른 가게에 비해 우리 매장에서 더욱 프런트와 대화 나누기를 선호하는 편입니다. 주문을 받기 전이나 주문하고 난 뒤에 자연스럽고 친근한 말이 오갑니다. 매장에 대한 이해가 어느 정도 있는 분들, 그러니까 미리 '암묵적인 시그널'을 탑재하고 오신 분들과의 대화는 초면이라도 경계가 거의 없고, 내용도 엉뚱하고 유머러스한 방향으로 흘러가기 일쑤입니다. 진지한 대화면 어떻고, 실없는 대화면 또 어떻습니까. 대화를 통해 손님도 우리도 더 좋은 기분을 느낄 수 있으면 됩니다.

손님과의 대화에서 우리가 더 좋은 기분을 느낄 수 있는 이유 중 하나는 향상심 때문입니다. 손님과 대화를 나누다 보면 항상 배울 점이 있습니다. 어떤 손님은 친화력이 강하고, 어떤 손님은 단어 선택이 세련되었습니다. 발음이 멋진 손님도 있으며, 나와 다른 방식의 삶을 흥미롭게 풀어내는 손님도 있습니다. 그리고 대화를 하다 보면 새로운 인맥이 생기기도 합니다. 이렇게 손님들로부터 하나하나 배워나가다 보면 대화하는 기술도 확실히 늘기 마련입니다.

친절과 적극적인 자세는 비슷하게 보이지만 전혀 다른 개념입니다. 때론 소극적인 응대가 더 알맞은 친절인 경우도 있기 때문입니다. 어떤 손님은 혼자 와서 차분하게 매장을 경험하고 싶을 수도 있습니다. 이럴 때는 약간의 거리를 두고 지켜보는 것이 좋습니다. 너무 과한 적극성은 부담스러울 수 있으니, 손님에게 항상 적극적인 자세여야 할 필요는 없습니다.

농담은 요리로 치면 양념과 같습니다. 농담 없이 대화할 수는 있지만 담백하기만 한 대화는 끌림이 부족합니다. 농담은 손님의 페르소나를 더욱 말랑말랑하게 만들고 긴장을 느슨하게 풀어줍니다. 재미있는 농담을 나눌 수 있다는 것만으로도 매장에 가야 할 이유가 충분해집니다.

농담의 핵심은 수위 조절입니다. 농담의 형태나 내용은 즉흥적일지라도 그 수위와 정도는 결코 손님이 바라보는 매장의 이미지를 벗어나서는 안 됩니다. 농담에는 막중한 책임이 따르기에 내가 아니라 매장 전체가 함께 던지고 있다고 생각해야 합니다. 따라서 매장의 전체적인 이미지를 충분히 이해한 상태에서 적절한 농담의 선을 지키는 일이 무엇보다 중요합니다.

우리 매장에서는 종종 멋진 장면이 목격됩니다. 서로 안면이 없는 상태에서도 매장에 대한 이해도가 비슷한 손님들끼리 대화를 나누고 친해지곤 합니다. 이는 앞서 말씀드린 것처럼 매장을 매개로 암묵적인 시그널을 공유한 덕분에 가능합니다. 말하자면 이 매장을 좋아하는 사람들끼리는 큰 틀에서 어느 정도 서로 코드가 맞으리라고 예상하는 겁니다.

이는 제품을 넘어 의식이나 가치를 소비하는 형태이자, (제가 그리 좋아하는 용어는 아니지만) 브랜딩이라는 기술이 궁극적으로 지향하는 목표이기도 합니다. 대화를 통해 우리 매장과 손님들이 가치관을 공유하여 서로의 일상에 큰 자양분이 된다면 삶은 조금 더 살 만한 가치를 느낄 수 있는 무대가 될 겁니다.

우리 매장은 하루 평균 방문객 수가 적지 않다 보니 똑같은 정보를 반복해서 전달하는 경우가 아주 많습니다. 계속해서 같은 설명을 하는 것은 컨디션이나 체력에 따라 꽤 지치는 일입니다. 하지만 접객은 엄연히 프로의 영역입니다. 우리는 여러 번 되풀이하는 말이지만 손님에게는 언제나 처음 듣는 이야기라는 사실을 명심해야 합니다. 말은 조금의 차이로 뉘앙스가 달라지기 마련입니다. 같은 설명도 늘 처음처럼 애정을 담아 이야기한다면 쇼케이스 앞에 선 손님의 기대감이 풍선처럼 커지는 아름다운 장면을 볼 수 있을 겁니다.

공감 이상의 감정을 느낄 때 비로소 공명이 일어납니다. 인사와 대화를 통해 다른 사람과 마음의 주파수를 맞추는 능력을 기를수록 삶은 그 전과 눈에 띄게 달라집니다. 대화의 기술은 사람을 매력적으로 만듭니다.

나아가 우리 매장 안에서 스스로 깨치거나 손님들에게 배운 대화의 기술을 기회가 될 때마다 다른 업장에서 사용해보기를 권합니다. 정반대 입장에서 겪어보면 대화의 중요성을 더욱 분명하게 느낄 수 있기 때문입니다.

프런트를 편안하게 만들어주는 손님은 언제나 강렬한 인상을 줍니다. 아무래도 더 잘해드리고 싶은 욕심이 생길 수밖에 없습니다. 저는 종종 반복되는 일상으로 감성이 무뎌진 듯한 접객원에게 약간의 감성적인 터치를 가할 때, 그의 내부에서 밝은 에너지가 새어나오는 것을 봅니다. 그때 느껴지는 뿌듯함은 친절이라는 씨앗을 뿌려서 맺은 큰 결실입니다. 사람은 결국 사람으로 행복해집니다.

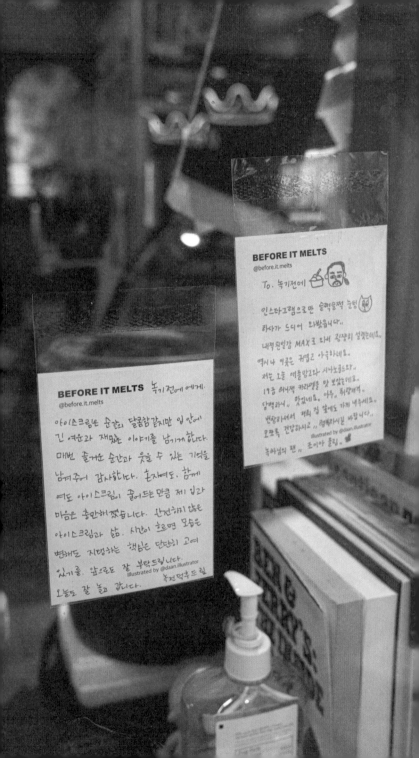

*

일상에 매몰된 사람들은 그 하루가
얼마나 소중한지 잊고 살기 십상입니다.
이는 매일 다양한 연령층과 마주하면서
제가 느낀 세대 공통의 특징입니다.
우리는 사람들의 평범한 일상을
특별하게 만들어야 합니다.
의미가 퇴색된 날들을 윤이 나게 닦아
다시금 빛나게 해야 합니다.
매장을 총체적인 경험이라고 본다면,
우리가 해야 할 일은
최고의 아이스크림을 포함해서
최고의 경험을 만드는 것입니다.
그런 경험을 겪은 하루는
여느 날들과는 아주 다르게 기억될 겁니다.

나의 일이 아름다운
춤이 되도록

앞서 저는 인간의 모든 행위가 결국 기분에 관한 문제라고 말씀드렸습니다. 가게를 찾아주신 손님도 방문을 통해 궁극적으로는 좋은 기분을 얻고자 합니다. 매장에 도착하기까지의 날씨와 풍경 그리고 인사와 대화는 손님을 좋은 기분으로 이끄는 중요한 역할을 합니다. 그러나 기본적으로 가게는 제품, 그러니까 우리 기준에서는 아이스크림으로 좋은 기분을 드릴 수 있어야 합니다. 이때 제품을 손님에게 전해드리는 일은 단순한 '전달'이 아니라 그 제품을 마무리 짓고 완성하는 것입니다.

실제로 아이스크림 서빙은 제조 과정에 직접 참여하는 일입니다. 쇼케이스 안의 아이스크림은 치댈수록 질감이 부드러워지기 때문에 서빙 직전에 최상의 텍스처를 만들어내는 과정이 요구됩니다. 입안에 천국을 불러오는 아이스크림 질감을 만드는 것은 제조자와 프런트가 함께하는 협업이라 할 수 있습니다.

카페라면 주문을 받은 뒤 커피를 내리는 동안 손님과 조금이나마 떨어지게 됩니다. 하지만 아이스크림 매장에서는 주문부터 내드리는 과정까지 1미터도 채되지 않는 거리에서 서로를 계속 대면합니다. 아이스크림을 내드리는 동작 하나하나가 눈에 보이기에 어떤 방식으로 전해드리느냐에 따라 손님이 제품에서 느끼는 가치가 크게 달라집니다.

컵을 준비하고 쇼케이스를 열고 스쿱으로 아이스크림을 퍼내어 담는 것을 지켜보는 손님들은 프런트의 바쁜 움직임에 서서히 빠져들고, 먹고 싶다는 감정도 조금씩 고조됩니다. 그래서 쇼케이스 앞에 서 있는 프런트는 말 그대로 쇼잉showing, 즉 퍼포먼스의 중요성을 이해해야 합니다. 주문할 때 오가는 말부터 아이스크림을 퍼내는 동작까지 의식적으로 아름다운 움직임을 추구해야 합니다.

카페나 식당에 방문했을 때 구성원들이 바쁘게 움직이며 일하는 모습은 꽤 인상적입니다. 손님의 입장에서는 노동을 한다기보다 섬세하고 열정적으로 춤추는 모습을 보는 듯한 느낌을 받는 것이 가장 이상적입니다. 노동이 어떻게 춤이 되냐고 반문하실 수도 있습니다. 하지만 자기 몸의 움직임을 통제하며 군더더기 없이 깔끔하게 이루어지는 노동은 마치 리듬감 있게 춤을 추는 모습처럼 보입니다. 제 경험을 말하자면 이 부지런한 리듬은 그동안 생각보다 많은 손님에게 몰입감을 주거나 의식을 환기했습니다. 더 나아가 자기 일과 삶의 리듬감을 돌아보게 자극을 주기도 했습니다.

아이스크림을 퍼내는 일은 스쿱을 쥔 손에 전해지는 아이스크림의 질감과 저항감을 즐길 수 있을 때 새로운 차원의 경험이 됩니다. 가장 작은 단위에서부터 촘촘하게 기쁨을 느낄 수 있는 일이야말로 지속가능한 형태의 건강한 일이라고 할 수 있을 겁니다. 물론 체력이 받쳐주고 경력도 쌓여야 가능하겠지만, 스쿠핑이 익숙해질 즈음에는 시간과 분자 구조가 만들어낸 이 아름다운 디저트를 손끝의 감각으로 어루만지는 일이 하나의 명상으로 여겨지면 좋겠습니다.

주문을 받을 때는 입술 사이로 퍼져나가는 언어의 진동을 의식하면서 최대한 정확한 발음과 안정적인 톤, 그리고 적당한 말의 속도를 유지해야 합니다. 말의 속도는 기본적으로 손님과 같거나 약간 느린 편이 좋습니다. 손님이 가진 일상의 속도보다 조금이라도 더 여유로움과 안정감을 느끼게 해드리기 위함입니다. 좋은 목소리는 사람에게 신뢰감을 줍니다. 손님을 파악하고 배려하며 목소리의 완급 조절을 할 수 있다면 틀림없이 일뿐 아니라 우리 삶에서도 유용한 도구가 될 겁니다.

키오스크는 단순히 정보를 교환하기 위한 장치입니다. 제품 거래를 빠르고 효율적으로 해주는 장치에 불과합니다. 손님이 주문하려는 메뉴를 터치하는 것만으로 메뉴와 관련된 무언의 대화는 끝이 납니다. 결제 역시 터치 몇 번이 전부입니다. 이런 방식은 아무런 감정도 동반하지 않습니다. 그러나 원래 거래는 눈에 보이는 제품 이상의 의미를 지녀야 합니다. 세심하게 주의를 기울이고 인간만이 전할 수 있는 온기를 더한다면, 정보를 주고받기 위한 목적의 대화라 해도 좋은 기분을 드릴 수 있는 여지가 충분합니다.

그런 의미에서 주문과 관련된 언어는 되도록 길게 늘어뜨리는 편이 좋습니다. '메뉴는요?'가 아니라 '어떤 메뉴로 드릴까요?'라고 하고, '결제는요?'가 아니라 '결제는 따로 해드릴까요, 같이 해드릴까요?'라고 하듯이 말입니다. 정보 전달 차원에서는 완전히 비효율적인 문장들입니다.

하지만 천천히 또박또박 발음하면서 문장을 펼치면 그 문장과 단어들 사이로 매장에 들러야 할 이유가 스며들고, 매장이 내뿜는 인간적인 울림을 느끼게 됩니다. 물론 때로는 빠르게 주고받는 대화의 활기가 더 필요한 상황도 있습니다. 그럴 때는 상황에 맞춰 말과 움직임의 속도를 자유롭게 조절해야 합니다.

저는 주문을 받을 때 '알겠습니다' 만큼이나 '좋습니다'라는 말을 즐겨 사용합니다. 말에 단단한 느낌이 있기 때문입니다. 특히 일반적으로 가게에서 자주 사용하는 말은 아니기에 그 한마디만으로도 단조로운 일상에 감칠맛을 더할 수 있습니다. '좋습니다'는 공감의 말이기도 합니다. 단순히 알겠다는 확인보다 '저역시 좋다고 생각한다'라는 의미가 주는 따스함을 좋아합니다.

언어는 사고의 집이라는 이야기가 있듯이 말은 매장의 철학이 담긴 그릇과도 같습니다. 즉, 우리가 표현하는 언어가 우리 매장의 이미지와 직결되어 있다는 의미입니다. 어떤 단어나 문장이 손님의 기분을 나아지게 할지 스스로 세심하게 생각해봐야 합니다. 그러면 단 한마디도 허투루 할 수가 없습니다.

주문을 받다 보면 추천을 해달라는 요청이 적지 않습니다. 우리 매장은 아이스크림 종류가 상당히 많고, 매일 시간대별로 바뀌다 보니 잘나가는 메뉴라는 개념 자체가 없습니다. 그럼에도 프런트로서 선택을 어려워하는 손님을 위해 최선의 메뉴를 제안할 수 있어야 합니다. 잘나가는 메뉴도 따로 없고 손님의 취향도 천차만별이기에, 메뉴 제안은 언제나 프런트의 생각과 손님의 상황이 동시에 반영되어야 합니다.

우선 메뉴 제안은 앞에 놓인 아이스크림을 잘 알고 있을 때만 가능합니다. 어떤 맛인지도 모르는 상태로 맛을 설명할 수는 없는 일입니다. 그래서 메뉴의 특징을 머리로 아는 것에 그치지 않고 많이 먹어보아야 합니다. 각각의 메뉴에서 어떤 아로마가 나는지, 혀에 닿는 순간부터 맛이 어떻게 변하는지, 당도는 어떻게 되는지 등을 기억해야 최선의 제안을 할 수 있습니다.

또한 손님의 맥락을 잘 살펴보아야 합니다. 지금 시간이 점심인지 저녁인지, 식사는 언제 어떤 메뉴로 하셨는지, 누구와 함께 오셨는지 등을 유추하거나 여쭤면서 지금 드시기에 가장 적합한 메뉴를 떠올려 봅니다. 예컨대 느끼한 음식을 먹은 직후에 또다시 느끼한 아이스크림을 권장하는 것은 맥락상 어울리지 않습니다. 이 경우엔 최대한 깔끔하고 약간 산미가 있는 소르베를 권하는 것이 좋습니다. 늦은 저녁 마감 직전에 오는 분들은 우리 아이스크림이 오늘 드시는 마지막 음식일 가능성이 큽니다. 이때는 깔끔하지만 그리 시지는 않은 소르베로 소화기관을 정리하게끔 도와드리는 편이 낫습니다. 식사와 거리가 먼 시간에 오는 분들께는 조금 무거운 아이스크림을 추천해도 좋습니다. 이런 식으로 제안하는 개인적인 이유를 차근차근 설명하는 일은 매장에 대한 신뢰감을 높여줍니다.

컵이나 포장 용기에 아이스크림을 담을 때도 무작위가 아니라 먹는 순서나 메뉴들의 색감을 고려해야 합니다. 무엇이 담겨 있는지도 중요하지만, 어떤 순서로 담기고 무슨 맛부터 먹는 것이 좋은지도 하나의 중요한 경험 요소이기 때문입니다.

한 가지 예로 점심시간이나 늦은 밤에 먹는 아이스크림은 목에 잔여감을 남겨서는 안 되기에 깔끔한 메뉴를 마지막에 드실 수 있도록 고려해야 합니다. 또 일반적으로 어두운색의 아이스크림 맛이 더 무겁기 때문에 밝은색에서 어두운색의 순서로 드시게끔 하는 것이 좋습니다. 포장할 때도 비슷한 색깔끼리는 되도록 멀리 두어서 메뉴가 겹쳐 보이거나 헷갈리지 않게 담아야 합니다. 포장된 아이스크림 용기의 뚜껑을 열었을 때 색깔 배열의 조화로움에 따라서 기분이 달라질 수 있음은 당연합니다.

주문 시에 기억해야 할 정보가 많다 보니 몇 가지를 잊어버리는 경우도 있습니다. 이때 당황했다고 해서

'어떤 메뉴였죠?'와 같이 정보만 여쭈어서는 안 됩니다. 이 경우엔 '죄송하지만 어떤 메뉴라고 하셨죠?'처럼 부드럽고 온기가 담긴 말을 건네는 습관을 들여야 합니다.

여유가 된다면 하나 더 제안하고 싶은 게 있습니다. 아이스크림을 서빙하는 동시에 뒤에 있는 다음 손님들의 대화를 집중해서 엿듣고 기억하는 것입니다. 뒤에서 메뉴를 이미 정했거나 궁금한 점이 있어 보일 때 기억했다가, 그 손님의 차례가 되자마자 미리 이야기를 꺼낸다면 세심하게 신경 쓰고 있다는 작은 감동을 드릴 수 있습니다.

때론 호기심에 들어온 손님이 무심한 목소리로 제일 잘나가는 메뉴를 찾다가, 불현듯 다시 쇼케이스에 집중해 메뉴를 찬찬히 읽어가며 직접 원하는 것을 고를 때가 있습니다. 추천이나 제안은 매장의 당연한 역할입니다. 하지만 무조건 추천하기보다 바쁜 현대사회를 살아가는 사람들이 좀 더 차분히 시간을 내어 스스로를 위한 아이스크림을 찾도록 도와드리는 것이 장기적으로 더 바람직하다고 생각합니다. 자신을 잃

어버리기 쉬운 시대에 자기 미각, 그리고 자기 상태에
온전히 집중해 내가 어떤 맛을 원하는지 알아가는 시
간은 스스로에게 여유를 주고 나아가 삶을 충만하게
만드는 작은 행복일 테니까요.

　마지막으로 손님께 컵을 내드릴 때 얹는 맛보기의
양을 정해두지는 않았습니다. 프런트로 일하면서 맛
보기 정도의 권한은 있는 편이 좋다고 생각했기 때문
입니다. 재량껏 드려도 됩니다. 유독 친절함을 보여주
신 손님께 마음이 더 간다면 다른 손님들이 상대적인
박탈감을 크게 느끼지 않는 선에서 조금 더 드려도 좋
습니다. 다시 말해 어떤 손님께는 '상대적인 획득감'
을 느끼게 해드려도 좋습니다. 응대는 언제나 상호작
용입니다. 손님과 내가 동시에 좋은 기분을 느끼는 것
이 바로 응대의 묘미입니다.

은근히 챙겨주는
마음

미안하지만, 이번엔 재미없는 이야기로 시작하겠습니다. 저는 군 복무 시절에 부관병으로 근무했습니다. 부관이라는 직책은 간단히 말해 장군님을 모시는 수행 비서인데, 저는 그 부관을 옆에서 돕는 부관병이었습니다.

공군에서 2년간 장군님을 모시던 날들은 제 생애 영광스러운 시절 중 하나였습니다. 장군님의 옆에서 보고 배웠던 리더의 자질은 물론, 부대에 방문한 많은 손님을 모시며 아무것도 몰랐던 소년에서 사람을 세심하게 대할 줄 아는 성숙한 어른의 태도를 갖추게 된 시기였기 때문입니다. 손님들은 대부분 계급이 높았기 때문에 저는 근무 내내 한시도 긴장을 늦출 수 없었습니다. 접견실의 상황을 오직 문밖에서 유추하며 빠르게 다음 행동을 그려나가야 했습니다. 그때 상황을 판단하는 능력과 임기응변의 기술이 많이 늘었다고 생각합니다.

그런데 시간이 흘러 가게를 운영하면서 저는 새로운 사실을 하나 깨달았습니다. 부관병이었던 당시 저는 중요한 손님들을 만나 뵐 기회가 많았습니다. 그러나 지나고 보니 가장 중요한 손님은 더 높은 계급의 분들이나 외부 인사가 아니라 바로 제가 모시던 장군님이었습니다.

저의 일과는 항상 복도 끝에서 장군님이 올라오시는 발소리를 듣는 것으로 시작됐습니다. 주의 깊게 들으면 사람마다 발소리가 꽤 다릅니다. 특히 군화를 신으면 그 차이가 두드러질 수밖에 없습니다. 매일 아침 발걸음의 소리와 속도 그리고 리듬으로 장군님이 집무실로 올라오시는 것을 파악하고 미리 서서 경례를 드리는 일이 제 하루의 시작이었습니다.

장군님이 집무를 보실 때도 항상 동태를 주의 깊게 살펴야 했습니다. 안에서 무슨 소리가 나는지, 필요한 것은 없는지를 소리로 듣고 눈으로 보면서 말 그대로 오감을 총동원해 상황을 판단했습니다. 정말로 아무 일도 일어나지 않는지 확신하려면 늘 감각을 활짝 열어두고 상황에 집중해야 했습니다. (그런데 군 시절 이야기는 왜 항상 이렇게 길어질까요?)

이 일을 시작하고 나서 그러한 깨달음을 얻은 데에는 나름의 이유가 있습니다. 매장에서도 아무 일도 일어나지 않는 것처럼 보이는, 일종의 평형 상태에 도달하는 순간이 있기 때문입니다. 뒤에서는 제조가 한창인 가운데 모든 손님이 자리에 앉아 있는 바로 그 상태입니다. 매장 안에는 음악 소리와 손님들의 대화만이 유유히 떠다닙니다.

겉으로는 아무 일도 일어나지 않는 것처럼 보이기에 긴장의 끈을 놓기 쉬운 시간입니다. 하지만 우리는 언제나 손님의 소리를 듣고 몸짓을 보면서 대기하는 마음을 지녀야 합니다. 손님이 나가기 전까지 접객은 이어지는 것이고, 언제 어떤 부분에서 불편함을 느끼실지 모르기 때문입니다. 이때도 필요한 것을 빠르게 내드리거나 궁금한 점을 답변할 수 있어야 합니다.

예를 들어 어디선가 스푼이 떨어지는 소리가 들리면 자연스럽게 새 스푼을 준비해야 하고, 손에 아이스크림이 묻어 두리번거리는 손님께는 빠르게 냅킨의 위치를 알려드려야 합니다. 안정감이 깨지는 듯한 자그마한 소리나 움직임에도 반응하는 기민함이 필요합니다. 매장 내부의 온도와 습도가 어떤지도 피부로 느끼고 조율해야 합니다. 이 모든 것을 직접적으로 손님을 바라보는 게 아니라 아주 은근한 느낌으로 파악하는 것이 중요합니다.

이 평형 상태에서 우리의 움직임은 많은 의미를 갖습니다. 손님의 눈에는 우리의 동작 하나하나가 경험과 기억으로 새겨지기 때문입니다. 연극을 보고 오면 배우의 작은 움직임까지 기억하는 것처럼 크게 의미 없어 보이는 미세한 동작 하나까지도 손님에게는 '기분'의 재료로 가닿습니다. 그래서 여러 번 이야기하지만 매장, 그중에서도 쇼케이스 앞에 서는 일은 무대나 공연장에 서는 것과 비슷합니다. 특히 우리 매장은 단순히 제품을 소비하러 오는 경우보다 더 다양한 의미로 방문하는 분들이 많기 때문에 항상 감각의 레이더를 켜두어야 합니다.

매장의 주방은 아이스크림 제조기나 냉장고 등 여러 가지 기계 소리가 많이 나는 공간입니다. 그 소리가 매장이 돌아가는 에너지를 나타내기는 하나, 손님들께는 신경이 쓰이거나 대화를 방해하는 요소로 느껴질 수도 있습니다. 그렇기 때문에 아이스크림과 대화에 집중할 수 있도록 음악을 세심하게 조정하는 일도 중요합니다. 바깥 날씨나 매장의 전체적인 흐름, 앉아계신 손님들의 분위기에 맞춰 음악을 선정할 수 있어야 합니다.

손님들은 다른 사람들의 대화는 물론 직원들의 대화에도 귀를 열어두고 있습니다. 예전에 성수동의 한 카페에 들렀을 때의 일입니다. 앉을 자리가 없을 정도로 좁은 카페였습니다. 저는 카페 크루들을 등지고 스탠드형 테이블에 서서 창밖을 바라보며 커피를 마셨습니다. 그윽한 향을 맡으면서 혼자 조용히 생각에 잠겨 있는데, 카페 크루들의 대화가 귀에 들려왔습니다.

별 이야기는 아니었는데도 이상하게 기분이 환기되고 에너지가 생기는 느낌이었습니다.

문득 매장 사람들이 주고받는 대화도 공간에 질감을 부여하는 요소라는 생각이 들었습니다. 특히 좁은 매장일수록 구성원들이 나누는 대화가 자연스럽게 울려 퍼질 수밖에 없기 때문에, 대화의 내용은 물론이고 톤과 성량도 매장의 전반적인 이미지에 영향을 미칩니다. 바꿔 말하면, 매장에서 나누는 대화도 의식적으로 이루어져야 한다는 뜻입니다. 그 대화가 단순히 우리만의 이야기로 그치는 게 아니라 매장 내의 모두가 듣고 있으며, 그 자체로 음악과 더불어 매장에서의 청각적인 소비자 경험이 될 테니 말입니다.

현장에서의 접객은 이처럼 앞은 물론이고 뒤에서도 떠다니는 공기처럼 매 순간 일어나고 있습니다. 너무 개인적인 이야기를 크게 나눈다면 손님들이 들을 수 있다는 사실을 기억해야 합니다. 또한 농담을 할 때도 그 농담의 무게를 가늠하고, 누군가를 비방하는 대화는 자제해야 합니다. 물론 굳이 이렇게 말하지 않아도 하루를 즐거운 대화로 채우는 것이 스스로에게도 좋은 일이라는 점은 분명합니다.

우리가 나누는 소리가 손님들에게 잘 들리듯이, 손님들의 대화도 우리에게 잘 들리는 편입니다. 그 대화를 잘 듣고 불편함은 없으신지 체크하고, 또 주문 시에 들은 바를 활용하는 센스도 필요합니다. 앉아계신 손님이 아이스크림을 포장하면 얼마나 오래갈지 궁금해할 때, 직접 물어보지 않아도 미리 답변할 수 있어야 합니다. 이는 손님에게 온전히 집중하고 있다는 특별함을 느끼게 합니다.

쇼케이스를 사이에 두고 친분이 쌓인 손님이나 대화를 원하는 손님과 이야기를 나누다 보면 가벼운 농담이 오고 갑니다. 이때 주변에 계신 다른 손님들도 미소 짓는 모습을 자주 볼 수 있습니다. 저는 이 장면을 참 좋아합니다. 대화에 직접 참여하지 않더라도 미소로써 우리가 같은 공간에서 같은 소리를 공유하고 있음을 확인하는 장면이기 때문입니다. 그러다 보면 서로 모르는 손님들끼리 대화의 물꼬가 트이고 친근감이 싹트기도 합니다. 이는 〈녹기 전에〉가 '취미 공동체'가 아니라 '취향 공동체'이기에 가능한 일입니다. 이 장면 하나만으로도 하루가 완성됩니다.

당연한 이야기지만 대기하는 일은 동시에 새로운 손님을 기다리는 일이기도 합니다. 그렇기 때문에 앞서 '기다림의 태도'에서 말씀드린 것처럼 쇼케이스의 아이스크림을 정리하거나 비품을 계속해서 체크하는 습관을 들여야 합니다. 소진된 메뉴나 새로 넣을 메뉴도 미리 파악해서 다음 손님과 매끄럽게 커뮤니케이션할 수 있도록 준비해야 합니다.

오늘도 이 시간에 이렇게 한자리에 있을 거라고 생각도 못 했던 사람들이 아주 우연한 조합과 확률로 매장 공간을 함께 채워주고 계십니다. 매장에 손님이 머무르는 동안은 이들도 매장을 이루는 주요한 요소가 되어 그날그날 매시간 새로운 분위기가 형성됩니다. 그리고 그 분위기는 새로 들어오는 손님에게도 빠르게 전해집니다. 매장 안이 시끌벅적한 상태라면 새로 들어오는 손님도 자연히 마음이 들뜨고, 반대로 고요하고 차분한 분위기라면 손님도 조용히 매장 내부를 둘러보며 입장할 겁니다. 매장 안에서 손님의 양상은 항상 이렇게 큰 변화의 흐름 속에 있습니다. 매장 내부가 과하게 들뜨거나 착 가라앉지도 않은 상태로 유지되도록 오케스트라의 지휘자처럼 음악과 매장의 소음 그리고 움직임을 유도해야 합니다. 다소 신이 난 듯한 왁자지껄한 상태가 좋게 보일지도 모릅니다. 하지만 손님들에게 강하고 자극적인 분위기보다는 매장이 내뿜는 기운에 압도되지 않고 스스로 온전한 즐거움을 찾을 수 있도록 밸런스가 잘 잡힌 느낌을 갖추는 편이 더 좋습니다.

마지막으로 매장에서 대기할 땐 허리와 손, 목과 다리를 자주 스트레칭해야 합니다. 긴장이 풀리면 몸도 축 늘어지게 되는데, 이는 서서 일하는 사람의 허리 건강에도 좋지 않습니다. 오래 일하기 위해서는 스쿠핑부터 기다리는 자세까지 자주 반복하는 동작을 세심하게 수정하며 몸에 딱 맞는 방식, 피로도를 줄일 수 있는 자세를 찾아야 합니다. 몸의 자세는 반드시 마음의 태도에도 영향을 끼치기 마련입니다.

기쁜 마음으로 보낸 손님은
기쁜 마음으로 돌아옵니다

손석희 앵커가 JTBC 뉴스를 진행하던 시절, 그는 클로징 멘트로 항상 '감사합니다' 대신 '고맙습니다'를 골랐습니다. 그의 멘트에 대해 한 전문가는 "'감사하다'를 '고맙다'의 높임말로 인식하는 것은 봉건시대의 잔재"이며, "예전에 한자를 우월하게 여기는 교육이 지배하던 시절에 잘못 가르쳤기 때문"이라고 설명했습니다. 말 한마디도 가벼이 여기지 않는 그의 태도와 사려 깊음은 저에게 꽤 신선한 자극이 되었습니다.

관점을 조금만 달리하면 배웅 인사는 단순한 인사가 아니라 대화의 매듭이라는 중요한 역할을 가집니다. 신경을 쓸수록 특별한 감정을 불러일으키고 좋은 기분으로 문을 나서게 합니다.

그래서 저는 매뉴얼화된 배웅 인사는 부자연스럽다고 생각합니다. 특히 이런저런 대화를 나누고 손님과 판매자 사이에 이야기의 '맥락'이 생긴 상태에서 무의식적으로 내뱉는 '감사합니다. 안녕히 가세요'라는 인사는 대화의 마무리로써 제대로 기능하지 않는다고 느낍니다.

대화에서 맥락이 발생했다면 '감사합니다. 안녕히 가세요'가 아니라 그 맥락의 마침표를 찍는 느낌으로 인사하는 것이 좋습니다. '시험 잘 치르고 오세요'라든가 '푹 쉬세요'처럼 대화를 통해 새로 알게 된 상세한 맥락을 적용할 수도 있습니다. 또 가볍게는 설날이나 추석쯤에 할 수 있는 '새해 복 많이 받으세요'나 '추석 잘 보내세요'처럼 시기를 고려한 인사도 좋습니다. 월요일의 시작에 '좋은 한 주 보내세요'나 늦은 저녁에 드리는 '좋은 밤 되세요'도 시간의 맥락을 고려한 아주 좋은 인사입니다.

물론 익숙한 '감사합니다. 안녕히 가세요'의 레퍼토

리 속에서 새로운 인사를 응용하기란 쉽지 않습니다. 그러나 말 한마디로 문을 나서는 사람의 기분을 훨씬 더 좋게 만들 수 있다면 하지 않아야 할 이유가 없습니다. 조금만 관심 있게 들여다보고 디테일을 챙기면 우리의 인생은 몇 배나 더 산뜻해질 수 있습니다. 금요일 오후부터는 '좋은 주말 되세요'라고 인사를 건네봅시다. 그러면 손님도 오늘이 주말을 앞둔 날임을 다시금 깨닫고 기분이 한껏 고양될지도 모릅니다.

　맥락이 전혀 없는 상황에서 제가 제안하는 우리 매장의 기본 배웅 인사는 '좋은 하루 되세요'입니다. 저는 개인적으로 '안녕히 가세요'라는 인사에 매력이 조금 부족하다고 생각합니다. '안녕히 가세요'는 '우리가 이제 헤어진다'라는 상황의 변화만을 의미할 뿐, 문을 나선 뒤에도 진정 '안녕'하게 계실지는 궁금해하지 않는 인사말처럼 느껴지기 때문입니다.

　반면 '좋은 하루 되세요'는 의지가 살아 있는 인사입니다. 문을 나서는 길뿐 아니라 오늘 하루를 통째로 응원하는 말입니다.

　물론 앞서 말했듯 매장 점원이 '좋은 하루 되세요'

라고 말하면 처음엔 말하는 쪽도 듣는 쪽도 적잖이 어색할 겁니다. 어느 문화권이든 인사는 대체로 천편일률적입니다. 그래서 사람들은 의미가 담긴 진지한 인사를 어색해합니다. 손님들도 우리가 보내는 인사에 상응하는 다른 인사말을 고르다가 당황하여 얼버무리곤 합니다. 하지만 두 번 세 번 반복하다 보면 다음 방문이나 다다음 방문 때는 꽤 익숙해집니다. 그리고 서로가 나누는 차분하고 진심 어린 인사가 더 깊은 감화를 불러온다는 사실을 직접 느낄 수 있습니다.

간혹 주문 줄이 길거나 응대하는 손님과 대화를 나누느라 나가려는 손님께 인사를 드릴지 말지 고민되는 경우가 있습니다. 마찬가지로 손님도 바쁜 와중에 인사를 해야 할지 말지 고민하는 기색을 보일 때가 있습니다. 물론 이럴 때도 최대한 배웅 인사를 건네는 것이 좋습니다.

손님 입장에서는 매장 상황을 보아 인사를 못 드려도 아마 이해하실 겁니다. 그러나 나가는 손님에게 짧은 인사라도 건네어 접객의 매듭을 확실하게 짓는 것이 프로의 자세라 할 수 있습니다. 주문을 받던 손님에게는 잠시 대화나 주문이 끊겨 죄송하다는 인사로 양해를 구하면 됩니다. 이렇게 해서 이해받지 못한 경우는 한 번도 없었습니다. 그러니 나가는 손님에게는 가능하면 꼭 인사를 전해드립시다. 시작만큼이나 마무리도 중요한 법이니까요.

좋은 인사는 사람의 의식을 맑게 깨웁니다. '좋은 하루 되세요'에 당황하는 것은 내가 오늘 좋은 하루를 보내야 한다고 의식할 겨를조차 없었기 때문일지도 모릅니다. 그래서 인사에는 여유가 필요합니다. 말하는 사람은 물론이고 듣는 사람도 여유가 있어야 그 의미가 온전히 전해지는 법입니다. 그러니 나가는 손님께는 항상 오늘 좋은 하루를 보내야 한다고 의식하실 수 있도록 의미가 분명한 인사를 건네드립시다.

좋은 기분으로 매장 문을 나서는 분들은 언젠가 다시 꼭 방문하게 됩니다. 그리고 어색했던 그 인사는 반드시 가까운 미래의 어느 힘든 날 나에게로 다시 돌아옵니다.

손님이 나가려는 기척이 느껴지면 다시금 자신의 매무새를 가다듬고 매장 안의 상황을 주시합니다. 다

먹은 컵을 어디에 버려야 할지 몰라 헤매실 수도 있고, 나갈 때 포장 주문을 하실 수도 있습니다. 무언가 흘리진 않았는지도 잘 살펴서 두고 간 물건 때문에 다시 돌아오는 수고로움을 최대한 덜어드려야 합니다.

어떤 손님들은 나갈 때 꼭 눈을 마주치며 인사를 전하고 싶어 하기도 합니다. 이렇게 뒤를 돌아 눈을 바라봐 주면 그것은 오늘 방문이 만족스러웠음을 뜻합니다. 이는 다시 보자는 무언의 약속과도 같습니다. 손님은 나갈 때의 그 눈빛을 다음 번 방문 때 고스란히 가져옵니다. 그간 별일이 없으셨다면 떠날 때의 기분까지 그대로 지니고 돌아옵니다. 그래서 나가는 손님의 눈빛이나 고개의 작고 빠른 끄덕임은 우리의 일을 훨씬 더 의미 있게 만듭니다. 손님과의 유대감을 느끼게 하고 오랫동안 잔상을 남깁니다.

우리의 일은 이렇게 기다리고, 맞이하고, 이야기를 나누고, 아이스크림을 내드리고, 다시 보내드리는 과정으로 끊임없이 반복됩니다. 시작과 끝, 끝과 시작이 느슨하게 연결되어 우리가 매장 안에서 전해드린 좋은 기분이 일상에서 유지되고, 가까운 어느 날 다시 매장 창문 밖의 '예고된 기쁨'으로 돌아오는 것은 반복되는 일의 즐거움 중 하나입니다. 그래서 떠나가는 인사는 맞이하는 인사의 환대처럼 환송이어야 합니다. 환송은 '떠나는 사람을 기쁜 마음으로 보낸다'라는 뜻입니다. 기쁜 마음으로 보낸 손님은 기쁜 마음으로 돌아옵니다.

매장 문을 나선 손님은 다시 현실의 법칙 속으로 빨려 들어갑니다. 갈수록 숨가빠지고 점점 더 냉소적으로 변해가는 그 세상으로 말입니다. 그들은 각자의 자리에서 각자의 기분으로 다시 자신의 삶을 채워나갑니다. 우리는 손님들이 잠시 머물 안식처로 이곳을 선택했다는 영광을 기억하며 험난한 현실 속에서 각자의 전투를 치르는 이들을 응원해야 합니다. 매장 문을 나서는 장면은 그래서 더 아련합니다. 들어올 때처럼 나갈 때 매장 전경을 찍는 분들을 위해 다시 한번 안에서 브이 같은 포즈를 취해보세요. 언젠가 다시 찾아보게 될 사진 속의 이날이 손님에게 더 깊은 추억으로 새겨질지도 모릅니다.

손님들이 나중에 다시 찾아와 주시는 날이 있을 겁니다. 교복을 입은 학생이 어엿한 성인이 되거나, 열심히 취업 준비를 하던 손님이 새로운 직장 명함을 들고 올지도 모릅니다. 두 사람이 세 사람이 되어 올 때도 있고, 다시 한 사람만 올 때도 있습니다. 완전한 타인이 우리에게 스스럼없이 기쁨과 슬픔을 나누는 것을 축복으로 여기는 사람은 인생을 넓고 깊게 이해할 줄 압니다.

손님들은 이처럼 매장 방문과 방문 사이에 크고 작은 변화를 겪습니다. 그럴수록 가게만큼은 시간이 흘러도 늘 여전하길 바랍니다. 약간 낡았을지언정 여전히 유지되고 있는 가게와 그곳에서 변함없이 일하는 사람들, 그 모습을 통해 빠르게 흘러가는 시간 속에서 변하지 않는 무언가를 발견하여 삶의 작은 위안을 얻고자 합니다. 확실히 몇 년이 지나도 같은 자리에 있는 매장들은 그 자체로도 고유한 향기를 뿜어냅니다. 그렇게 시간이 쌓인 매장은 제품을 판매하는 곳이라는 본래의 의미를 초월합니다. 〈녹기 전에〉가 지향하는 목표는 바로 그곳에 위치합니다.

크게 변한 것 없어 보이는 우리 삶의 변화율은 훗날 다시금 이어지는 대화 속에서 드러날 겁니다. 매장이 어떤 식으로 바뀌었다는 물리적 사실보다, 접객하는 하루하루로 깊어지고 단단해진 태도가 더 확실한 변화의 증거이기 때문입니다.

우리가 만든 아이스크림과 나누었던 대화 그리고 환대와 환송은 사람들의 마음과 몸에 기억되고, 그들은 세상을 한층 긍정적이고 양질의 것으로 채워나갈 겁니다. 이들이 채워나가는 일상으로 세상이 부디 더 아름다운 곳으로 변하길 바라는 것은 오늘 우리가 행하는 작고 사소한 일, 더 근원적으로는 마음가짐과 태도로부터 출발합니다. 우리가 미치는 긍정적인 영향, 미세한 마음의 떨림과 인간적 교류는 결국 세상을 향해 보내는 신호입니다.

접객은 이렇게 작고 조용한 방식으로 세상에 기여합니다.

*

아이스크림은 너무 빨리 녹아서 커피처럼
문화로 자리 잡기 어려운 디저트입니다.
사람들의 머릿속에 남기 위해서는
아이스크림이 녹는 속도보다
오래가는 무언가가 필요합니다.
그중 하나가 바로 아이디어에 기반을 둔
콘텐츠입니다. 콘텐츠는 쌓여서
매장을 나타내는 하나의 DNA가 되고,
오랜 시간 두고두고 소비되기 때문입니다.
그리고 이 모든 콘텐츠는
아이디어라는 작은 점에서부터 출발합니다.
순간적으로 떠오른 멋진 아이디어들을
구체적인 콘텐츠로 만들어 쌓아 올리면
손님들에게 아이스크림 이상의
좋은 기분을 선사할 수 있습니다.

3장

좋은 기분 느끼기

아이디어,
퇴색된 일상에
윤기를 내는 일

　짧은 시간 안에 우리 가게를 제대로 소개하는 일은 불가능에 가깝습니다. 이는 비단 우리뿐 아니라 손님의 입장에서도 마찬가지입니다. 매장에 있다 보면 손님들이 이런 대화를 나누는 것을 종종 듣게 됩니다. "여기는 아이스크림 가게인데 메뉴가 매일 바뀌어. 근데 또 재밌는 대회도 많이 열어. 담요나 칫솔 같은 굿즈도 만들고 나무위키에도 등재되어 있어. 아! 카카오톡 오픈 채팅에 〈녹기 전에 주주총회〉라는 방도 있는데, 여기에 꽤 많은 사람이 들어가 있고 또…"

　이렇게 힘들게 설명해야 하는 가게인데도 늘 열정

적인 도슨트가 되어주시는 손님들께 항상 감사한 마음입니다.

단순하게만 보면 우리 가게는 그저 아이스크림을 직접 만들어서 판매하는 소규모 영업장에 불과합니다. 하지만 조금만 더 자세히 들여다보면 이 이상한 가게에는 하나의 세계관이 있습니다. 메뉴가 똑같은 날이 단 하루도 없고, 아이스크림만 팔면서 그와는 무관한 일들을 훨씬 더 많이 벌입니다. 또 매달 나무를 심으러 가거나 툭하면 새로운 아이스크림을 홍보하기도 합니다. 우리는 대체 왜 이런 식으로 가게를 운영할까요?

아이스크림은 너무 빨리 녹아서 커피처럼 문화로 자리 잡기 어려운 디저트입니다. 사람들의 머릿속에 남기 위해서는 아이스크림이 녹는 속도보다 오래가는 무언가가 필요합니다. 그중 하나가 바로 아이디어에 기반을 둔 콘텐츠입니다. 콘텐츠는 쌓여서 매장을 나타내는 하나의 DNA가 되고, 오랜 시간 두고두고 소비되기 때문입니다.

실제로 매장에 방문한 손님뿐 아니라 SNS로만 〈녹

기 전에〉를 접한 분들까지도 저희가 선보이는 다양한 콘텐츠를 즐깁니다. 그리고 이 모든 콘텐츠는 아이디어라는 작은 점에서부터 출발합니다. 순간적으로 떠오른 멋진 아이디어들을 구체적인 콘텐츠로 만들어 쌓아 올리면 손님들에게 아이스크림 이상의 좋은 기분을 선사할 수 있습니다. 그래서 아이디어 역량을 기르는 것은 몹시 중요합니다.

하지만 근본적으로 아이디어는 손님이 아니라 일하는 사람을 위한 뇌 생산 활동입니다. 자기 자신을 위해 아이디어를 낸다는 것은 어떤 의미일까요?

직업이 있는 누구에게나 반복되는 일상이 있습니다. 반복되는 업무는 큰 안정감을 주지만 한편으로는 삶의 감각을 무디게 합니다. 어제와 오늘, 오늘과 내일을 구분할 수 없으니 인생에 탄력이 사라지고 더 나은 미래를 기대하기도 어려워집니다. 흔히들 행복은 일확천금이나 실현하기 어려운 일을 성취하는 과정이 아니라, 일상을 소중히 여기는 데에서 비롯된다고 이야기합니다. 그러나 막상 현실에서는 똑같은 업무를 즐기기란 여간 어려운 일이 아닙니다.

바로 여기, 그러니까 큰 변화와 정체, 이상과 일상 사이에 아이디어라는 변주가 필요합니다. 삶을 이루는 일상을 잘 보내기 위해서는 가끔 작은 변주를 주어야 하는데, 지력智力을 투입해 변화를 만드는 모든 행위가 바로 아이디어인 겁니다.

반복되는 매우 작은 단위의 일과일수록 미세한 변화를 가하고 살짝 비틀어줄 때, 결과적으로 큰 차이가 발생해 거대한 울림이 만들어집니다. 그것은 밖으로만 퍼져나가는 게 아니라 내 안으로도 번지는 울림입니다. 즉, 아이디어를 내고 그것이 밖으로 실현되면 자기 삶에 즐거움과 목적의식 그리고 생동감이 생깁니다. 그래서 아이디어는 매일 몸에 활기를 주는 육체 운동처럼, 머리에 활기를 불어넣어 말랑말랑하게 하는 정신적인 운동과 같습니다.

'일상에 변주를 주어 하루를 특별하게 만든다'라는 개념을 다른 이들에게 확대하면 평범한 날을 특별하게 만들 수도 있습니다. 그래서 우리는 '민트 데이' 같은 날을 기획하고 인근 학교들의 개교일을 기념하는 행사를 합니다.

일상에 매몰된 사람들은 그 하루가 얼마나 소중한지 잊고 살기 십상입니다. 이는 매일 다양한 연령층과 마주하면서 제가 느낀 세대 공통의 특징입니다. 우리는 사람들의 평범한 일상을 특별하게 만들어야 합니다. 의미가 퇴색된 날들을 윤이 나게 닦아 다시금 빛나게 해야 합니다.

매장을 총체적인 경험이라고 본다면, 우리가 해야 할 일은 최고의 아이스크림을 포함해서 최고의 경험을 만드는 것입니다. 그런 경험을 겪은 하루는 여느 날들과는 아주 다르게 기억될 겁니다.

아무 일도 일어나지 않고 특별할 것 없는 일상에 작은 아이디어로 각본과 연출을 가미하고 관점을 살짝만 바꿔도 기대 이상인 날들이 많아집니다. 그렇게 사람들의 일기장에 365일 중 즐거운 날의 숫자가 많아지게 하는 것이 우리의 지향점입니다.

손님들을 위한 장치를 세심하게 구현하는 아이디어는 늘 좋습니다. 그러나 그저 우리끼리 재미있게 놀기 위한 판을 만들어서 즐기기만 해도 됩니다. 어느새 손님들도 그 판에 자연스럽게 끼어들어 즐기기 때문입니다. 기껏 아이디어를 짜놓고 우리가 먼저 즐기지 못하는 무대에는 사람들도 몰입할 수 없습니다.

그래서 우리는 그동안 우리를 위한 아이디어를 많이 만들었습니다. 예를 들어 매일 바뀌는 메뉴는 사실 마케팅이나 모객의 차원이 아니라, 우리 일상에 변화를 주기 위한 최소한의 장치입니다. 매일 같은 메뉴를 만들면 제조자는 매너리즘에 빠지기 쉽습니다. 그저 똑같은 일만 하는 기계처럼 느껴질 수도 있고요. 대신에 스스로 어떤 메뉴를 만들고 그 메뉴들로 어떤 이벤트를 펼칠지 생각하는 일이 하루를 보람차고 의미 있게 만듭니다. 게다가 그 기획이 사람들에게 좋은 기분과 울림을 준다면 하루하루가 자신에게 더욱 강렬한 의미가 될 겁니다.

아이디어를 떠올리는 팁을 하나 드려볼까요. 일상에서 기시감이 강하게 드는 순간, 그러니까 '어째 오늘따라 좀 지루한데?'라는 생각이 들 때마다 아이디어 모드로 머리에 불을 켜보는 겁니다. 보고 있는 사물이나 현상을 하나씩 해체하고, 질문하고, 다른 답을 생각해봅니다.

그러다 보면 일을 하는 도중이나 혹은 한가할 때 여러 가지 아이디어가 떠오를 수 있습니다. 또는 일과 무관한 일상에서 메뉴나 콘텐츠, 디자인 등 다양한 형태의 아이디어가 예고 없이 떠오르기도 합니다. 치열함의 끝에서 발견되는 아이디어도 있고, 무료함의 끝에서 발견되는 아이디어도 있습니다. 어떤 중요한 아이디어들은 게으르고 무용해 보이는 시간을 지나야만 비로소 모습을 드러냅니다. 오직 그때가 되어서야 앞서 말씀드린 '어째 오늘따라 좀 지루한데?'라는 생각이 고개를 쳐들기 때문입니다.

아이디어는 단순히 생각을 많이 한다고 생기지 않습니다. 아이디어는 '생각'이 아닌 '생각하는 방식'의 연장선상에 있습니다. 생각이 더는 앞으로 나아가지 않을 때는 인터넷 페이지의 '뒤로 가기' 버튼처럼 다시 원점으로 돌아가야 합니다.

다른 사람의 아이디어나 최근에 읽은 아티클을 통해 영감을 얻고 아이디어를 구하는 일은 지양해야 합니다. 영감과 통찰력은 다른 개념입니다. 영감은 느낌(감)이고, 통찰력은 능력입니다. 즉, 영감은 일시적이지만 통찰력은 지속력이 있습니다. 그 누구도 반대로 영력이나 통찰감이라 부르지 않습니다. 우리가 아이디어를 위해 진정으로 키워야 할 것은 영감이 아니라 통찰력입니다.

영감은 자기만족적인 정신적 소비에 가깝습니다. 특히 최초로 누군가의 통찰력이 발휘되고 그에 따라 영감이 이어지는 '영감 낙수 효과'는 끝에 가서는 쭉정이만 남는 경향이 있습니다. 머리에 잠시 가벼운 자극이 들어오는 것에 그치고 맙니다.

따라서 '우리도…'로 시작하는 아이디어가 떠오른다면 머리를 흔들어서 깨끗하게 잊는 편이 낫습니다. '도'로 시작하는 아이디어로는 남을 따라서 출발할 수는 있지만, 끝을 맺을 수 없습니다. '도'에서 출발한 아이디어에서 오리지널리티를 기대하기는 어렵습니다. 그래서 아이디어는 가능한 한 자기 속에서 발견하거나 완전히 무관한 다른 일, 혹은 누구도 모르게 잠들어 있지만 빛을 품은 전인미답의 길에서 착안하는 게 좋습니다.

여기서 포인트는 두서없이 떠오른 그 아이디어들이

과연 누구를 대상으로 하는가 하는 점입니다. 〈녹기 전에〉는 특정 기준으로 손님을 타깃화하지 않습니다. 손님을 나이나 직업, 문화 등으로 범주화하고 그 기준으로 아이디어를 쌓아가면 반드시 소외되는 사람이 생깁니다. 예를 들어 MZ세대만을 대상으로 한 뾰족한 기획은 아이스크림을 좋아하는 어르신들을 우리가 차려놓은 즐거움에서 소외시킵니다. 특정 연령만을 대변하기에는 아이스크림이 모든 세대가 전 생애에 걸쳐 즐기는 디저트라는 점을 반드시 기억해야 합니다. 그러므로 매장에서 준비하는 아이디어는 아이스크림을 좋아하는 모든 사람을 대상으로 해야 합니다.

우리가 아이디어를 낼 때 하는 타깃팅은 특정한 사람이 아니라 전 세대가 보편적으로 갖는 근본적인 인간의 감정과 지향해야 할 가치들입니다. 보편적인 가치를 중심으로 하는 타깃팅은 누군가를 소외시키지 않습니다. 특히 여러 가치 중에서도 〈녹기 전에〉는 '지금 그대로의 자기 자신'을 긍정하기 위한 모멘텀을 많이 만들어왔습니다. 좋은 기분은 자기 자신을 긍정하는 것에서 시작되기 때문입니다.

아이디어를 떠올릴 때는 이 아이디어가 누구에게 어디까지, 그리고 언제까지 영향을 미칠지도 생각해야 합니다. 가장 근원적인 감정으로부터 쌓아 올린 아이디어는 좋은 평가를 받을 뿐 아니라 생명력도 길어서 손님들에게 오랫동안 기억됩니다.

아이디어를 조금 과격하게 표현하자면 '뻘짓'이라고 할 수 있습니다. '뻘짓'을 많이 할수록 하루는 새로운 리듬으로 가득 찹니다. 아이디어가 자기 자신을 위한 일이라는 것을 다시 한 번 기억해주었으면 합니다.

겨울나기,
새로운 쓰임새를
찾는 시간

저는 사람이 계절마다 주로 사용하는 뇌 부위가 다르고, 이성과 감정을 할애하는 정도도 다르다고 믿습니다. 저만 해도 봄, 여름, 가을에는 누구보다 활동적이지만, 겨울이 되면 눈에 띄게 차분해지면서 사색의 시기를 보냅니다. 그러다 보니 겨울이 되면 조금은 울적해지고 사람들을 많이 만나는 것도 은근히 부담됩니다.

사람들은 한 해의 마무리에 자연히 그 해를 돌아보게 됩니다. 어떤 1년이었는지, 또 다가올 1년은 어떻게 펼쳐질지 생각하다 보면 그 연장선에서 내 과거와 미래 전체를 어렴풋하게 그리게 됩니다. 지금 이 순간이라는 점을 찍으며 살아가는 우리가 잠시나마 점들이 이어진 선을 바라보는 시기입니다.

생각해보면 인류가 계절과 상관없이 늘 같은 온도의 근무 환경에서 일하게 된 것은 그리 오래되지도 않았고 딱히 자연스러운 일도 아닙니다. 농부에게 여름과 겨울의 일상이 완전히 다르듯, 산업혁명 이전의 인간은 계절이나 날씨의 변화에 직접적인 영향을 받으면서 일했습니다. 생체 리듬도 자연의 변화에 민감하게 감응했습니다.

우리의 몸과 마음은 자연환경과 그 변화에 기반할수밖에 없습니다. 기술이 발달한 시대이고 각자의 일에 집중할 수 있는 최적의 환경을 갖추고 있지만, 자연은 그보다 훨씬 절대적입니다. 낮과 밤, 계절과 날씨, 온도와 습도 등의 변화 속에서 인간이 매일 똑같은 일을 하며 흐트러짐 없이 같은 상태를 유지하는 것은 어쩌면 아주 심각한 무리가 아닐까요?

이런 생각을 하고 나니 어느 시점부터 제가 겨울에

조금 감정적으로 변하는 것도 자연스럽게 느껴졌습니다. 그래서 겨울에는 쉬어야겠다는 결론에 도달합니다. 겨울에는 개구리나 곰처럼 또는 가지가 앙상한 나무들처럼 쉬어가고, 그다음 해의 봄·여름·가을을 다시 누구보다 활동적으로 보내는 삶의 방식입니다.

현대사회에서 이미 이렇게 살아가는 사람들도 종종 있습니다. 영화 음악계의 거장 히사이시 조는 1년 중 1월부터 3월까지를 '사고기'라 부르고, 이 시기에는 주로 그 해의 방향성을 생각한다고 합니다. 꼭 예술가가 아니더라도 힘닿는 한 이런 방식으로 살아가는 편이 더 자연스럽고 건강한 인간의 모습이 아닐까요?

봄, 여름, 가을 동안 즐겁고 열정적으로 일합니다. 그리고 겨울엔 쉬어갑니다. 이것이 제가 먼 조상과 자연으로부터 배우고 우리 일에 부여한 고유의 리듬입니다. 식물이나 특정 동물들이 그러하듯이 우리도 세 계절 동안 부단히 일하고 한 해 끝자락에서 겨울잠을 잡니다. 그 기간에는 삶의 외연을 넓히기보다 내면에 집중하고 속으로 단단해지려고 노력합니다. 그다음 해의 우리를 위한 에너지 비축 기간이자 각 구성원이 삶을 진지하게 생각할 수 있는 시간입니다.

삶의 가장 중요한 문제들은 고민하는 데 꽤 긴 시간이 필요합니다. 학창 시절과 성인이 된 이후를 통틀어서 현대사회는 개인에게 그렇게 긴 시간을 할애할 수 없는 구조로 돌아갑니다. 그야말로 멈추면 뒤로 한없이 밀려나는 세상입니다. 그러다 보니 시간은 화살보다 빠르게 지나가고 우리에겐 어렵고 진지한 고민들을 할 겨를이 없습니다.

하지만 작고 일상적인 고민을 쉽게 해결할 때보다 크고 본질적인 고민을 생각하는 과정에서 얻게 되는 것이 더 많습니다. 너무 어려워서 끝내 결론에 도달하지 못한다 해도 말입니다. 저에게도 겨울은 온갖 상념에 빠져 있다가 고작 한 문장 정도 길어낼 수 있을까 말까 하는 시간입니다. 대신 그 단단한 한 문장이 한 해 동안 일어날 수많은 선택과 판단의 뼈대가 됩니다.

인간이 좋은 기분을 얻기 위해 산다는 것도 제가 겨울에 이해하게 된 깨달음 중 하나였습니다. 누군가에겐 좋은 기분이 돈이나 명예일 수 있고, 또 누군가에겐 민들레 씨앗이 날아가는 장면이나 따사로운 햇살, 살랑거리는 강아지 꼬리일 수도 있습니다. 두 장면이 각기 다른 시간에 한 사람에게 좋은 기분을 주기도 합니다. 사람마다 처한 상황이 다르기에 저마다 느끼는 감동도 다를 것입니다. 하지만 결국 이는 사랑처럼 누구나 이해할 수 있는 보편적인 감동과 기분에 기반한다는 사실을 저는 겨울 산책을 통해 깨달았습니다.

우리는 좋은 기분을 느끼기 위해 살아갑니다. 사실 누구나 이러한 삶의 목적을 어렴풋하게는 이해하고 있습니다. 다만 그 목적이라는 게 글로 적거나 외운다고 해서 기억되거나 체화되지 않을 뿐입니다. 그래서 더욱 우리는 좋은 기분이라는 감각을 잊지 말아야 합니다. 온몸의 신경세포가 포착하는 세상의 갖가지 감동의 신호들을 그냥 흘려버려서는 안 됩니다. 우리가 가까스로 '나'라는 형태를 구성하고, 우주에 흔치 않은 유기체로서 감각하고 기분을 느낄 수 있다는 그 자체가 얼마나 멋진 일인가요. 우주 단위로 보면 우리는 굉장한 사건의 집합체입니다.

제가 아이스크림 일을 시작한 가장 결정적인 이유는 이 일이 겨울에 쉬기에 적합했기 때문입니다. 아이스크림을 다루는 일은 겨울에 쉬어도 사람들이 이해할 만하다고 생각했습니다.

물론 이렇게 쉬어가는 방식에는 크고 작은 어려움이 따를 것입니다. 하지만 저는 이 실험이 근본적인 차원에서 현대인의 다른 삶의 형태를 보여주리라 예감합니다. 일생을 연속적인 시간의 흐름으로 사는 데서 벗어나 중간중간 길게 쉬어가는 형태가 인간의 몸과 마음을 더 건강하게 만들고, 나아가 지속가능한 삶이라 믿습니다. 그래서 가능한 한 이 자연스러운 리듬을 계속 유지하려 합니다.

저는 겨울에 주로 걷고, 책을 읽고, 목욕하고, 불멍을 하는 등 원시적인 활동들로 한 달을 채웁니다. 그러는 동안 여러 생각이 끊임없이 머리를 스쳐 갑니다. 말하자면 겨울은 구상의 시간이고 봄, 여름, 가을은 구현의 시간입니다. 겨울에는 손에 잡히지도 않는 것들을 상상하고 제대로 결론 내리지도 못한 채 봄을 맞이하곤 합니다. 그래도 항상 머릿속에 남는 무언가가 있었습니다. 대체로 생각이나 마음의 씨앗 같은 것으로, 평소에는 형태가 잘 드러나지 않다가 중요한 결정을 내릴 때마다 멀리 내다볼 수 있도록 도와줍니다.

경험상 쉬는 동안 아무 계획도 세우지 않는다면 너무 무기력해지기 쉽습니다. 이 역시 개인의 선택이고, 무용한 시간도 꼭 필요합니다. 하지만 그 기간이 한 달이라면 이야기가 조금 다릅니다. 저는 이때 약간의 텐션을 주는 것이 도움이 된다고 생각합니다. 그래서 무리가 없는 선에서 일과 관련하여 생각할 거리를 정하려 합니다. 일종의 화두입니다. 다른 계절에는 바빠서 다룰 수 없었거나 고민이 조금 필요한 업무 등을 느슨한 시간 속에서 자유롭게 생각해보는 겁니다.

이 외 대부분의 시간에는 가게 일이 아니라 개인적으로 다른 일을 모색해도 좋습니다. 자기 삶에 더 어울리는 일, 가슴이 뛰고 미래가 선명하게 그려지는 일, 세상에 도움 되는 일들 말입니다. 이런 일들을 발견하고 더 깊이 생각하는 시간을 갖는 것은 궁극적으로 우리 사회 전체를 유익하게 만듭니다. 넓은 의미에서 저는 이 역시 우리 매장이 사회에 기여하는 일이라고 생각합니다. 겨울 동안 자신의 새로운 쓰임새를 찾게 된다면 분명 멋지고 응원할 일입니다. 모쪼록 건설적인 휴식이 되어 자기 삶에 큰 도움이 되기를 바랍니다.

저는〈녹기 전에〉가 제품이 아니라 생각과 의식을 파는 곳이자 겨울에 스쳐 간 생각들이 발현되는 플랫폼이라 생각합니다. 세상 모든 브랜드는 반드시 한 사람의 생각으로부터 출발합니다. 하루아침에 갑자기 사업자 등록을 해버린 사람은 없습니다.

저 역시 그랬습니다. 생각이 가게를 만들어냈고, 또 매년 겨울의 생각이 가게의 뿌리를 키우고 있습니다. 내공이 있거나 오래가는 가게일수록 구심점이 되는 생각의 뿌리가 건강하고 튼튼합니다. 단순히 오래된 것이 아니라 반드시 오래가야만 하는 가게, 세상에 존재할 명분이 분명한 가게가 되려면 특히나 더 깊은 고민과 철학이 필요합니다. 가게로서도 개인으로서도 그 뿌리를 튼실히 키우기 위해 우리는 겨울을 쉬어갑니다.

매년 한 해 동안 마구 내달리다가도 겨울이라는 아늑한 완충 지대가 있다는 사실을 떠올릴 때마다 저는 좋은 기분을 느낍니다. 제가 이제껏 그래왔듯 당신도 어떤 중요한 결정들을 마주할 때마다 이 시간이 삶의 결정적인 단서가 되기를 진심으로 바랍니다.

한 해가 끝나갈 때면 거리는 연말연시의 설레는 분위기로 가득합니다. 여느 때와 다름없이 일을 하는 사람들조차 크리스마스 장식이나 노래로 기분이 조금은 들뜹니다. 우리가 겨울을 쉬어간다는 사실이 알려지면서 이제 손님들에게는 우리 매장도 한 해를 마무리하는 하나의 작은 신호가 되었습니다.

그래서 매년 영업 종료를 앞두고 손님들과 나누는 인사는 더욱 따스하고 인상적이며 애틋합니다. 한 해를 잘 보내셨는지, 어떤 기분과 사건들로 일상을 채우셨는지를 묻고 듣습니다. 매장과 손님이라는 관계를 잠시 접어두고 인간 대 인간으로 안부를 주고받으며 살아가는 진정한 가치를 느낍니다. 어쩌면 이 뭉클한 순간이 삶의 전부일지도 모릅니다. 겨울 동안 이 뭉클함을 잘 간직했다가 설레는 기대감을 갖고 다시 만나길 기대합니다.

*

우리는 좋은 기분을 느끼기 위해 살아갑니다.
사실 누구나 이러한 삶의 목적을
어렴풋하게는 이해하고 있습니다.
다만 그 목적이라는 게
글로 적거나 외운다고 해서 기억되거나
체화되지 않을 뿐입니다.
그래서 더욱 우리는 좋은 기분이라는 감각을
잊지 말아야 합니다.
온몸의 신경세포가 포착하는 세상의
갖가지 감동의 신호들을
그냥 흘려버려서는 안 됩니다.

삶의 태도는 곧
시간에 대한 태도와
같습니다

흔한 말로 사람은 분수에 맞게 살아야 행복하다고
합니다. 이는 정말 사실입니다. 엉뚱한 이야기지만 행
복은 간단한 분수로 나타낼 수 있기 때문입니다.

$$행복 = \frac{실현된\ 욕망}{나의\ 모든\ 욕망}$$

행복은 내가 오감으로 인지해 갈망하는 모든 것 중
에서 마침내 내가 가지고 누리는 것의 비율입니다. 이
수치가 1에 가까울수록, 그러니까 세상에 어떤 좋은

것들이 존재하든 내가 아는 수준만큼 누리고 있다면 행복합니다. 반면에 수치가 0에 가까울수록, 즉 아무리 많이 가지고 있어도 주변에 욕망하는 것들이 훨씬 많으면 불행합니다. 예컨대 매달 읽을 책을 살 돈만 있어도 행복한 신문 배달부가 있고, 주변에 돈이 많은 사람이 넘쳐나서 여전히 불행한 전문직 종사자도 있습니다. 두 사람에 대한 사회적인 평가도 이들이 느끼는 감정 앞에서는 큰 의미가 없습니다. 행복은 지극히 개인적인 것입니다.

이 분자 분모로 이루어진 행복 공식으로 알 수 있는 사실이 한 가지 있습니다. 행복의 수치를 높이기 위해서는 분자를 키우는 방법도 있지만, 분모를 줄이는 방법도 있다는 점입니다.

원하든 원치 않든 요즘 사람들은 SNS를 통해서 이 분모를 거의 무한대로 늘리고 있습니다. 마케팅과 브랜딩은 몇 초마다 새로 욕망할 거리를 사람들에게 보여주면서 욕망하고 또 욕망하라고 부추깁니다. 대부분은 진짜 좋아 보여서, 내가 많이 가지고 있지 않다는 현실이 나를 한없이 우울하게 만듭니다. 이것이 나의 욕망을 끊임없이 키우고, 내가 무엇을 가지고 있든 행복의 수치를 0에 수렴하게끔 만듭니다.

그러나 한번 생각해봐야 합니다. 우리를 더 행복하게 만드는 게 새로운 욕망인지 아니면 기존에 가지거나 누리고 있던 것인지 말입니다. 극단적으로, 행복의 공식에서 분모가 없다면 나에게 실현된 것들이 온전한 행복이 됩니다.

행복 = 실현된 행복

내가 100원을 주웠을 때 행복하다는 기분이 남이 10원을 주웠다는 말에 더 부풀거나, 500원을 주웠다는 말에 쪼그라들어서는 안 됩니다. 정신을 번쩍 차리고 아예 등수에 따른 행복의 프레임에서 벗어나 변수가 적은 자립적인 행복을 찾아야 합니다. 내 행복이 타인의 행복을 딛고 있는 구조라면 인생은 반드시 빠른 시일 내에 불행해집니다.

행복의 공식은 매우 간단하지만 실제로 마음에 새기기란 쉬운 일이 아닙니다. 그렇다면 어떻게 자기만의 행복을 유지하는 깨달음을 얻고 일상에서 지속적으로 마음의 근력을 키울 수 있을까요?

저는 접객 일을 통해 이것이 가능하다고 믿습니다. 접객은 확실히 자기수양적인 측면이 있습니다. 같은 일을 하는 것 같지만 매일 다른 사건이 펼쳐집니다. 그 사이에 우리는 각자 다른 관점으로 생각하며 각자 다른 것을 배워나갑니다.

저마다 다른 문화, 나이, 출신, 생김새의 사람들이 작고 소담한 아이스크림 컵을 들고는 수많은 욕망을 잊어버립니다. 행복은 아이스크림 한 컵과 같다는 말은 꼭 진부한 영화 대사처럼 들리지만, 사실 이보다 정확한 말이 없습니다. 남이 아이스크림을 먹든 말든 이것은 내 온전한 행복이기 때문입니다. 아이스크림 한 컵이 일순간 세상을 지워버리고 나의 미각 그리고 나와 함께 온 사람들에게 집중하게 만듭니다.

손님들의 이러한 모습을 지켜보며 저는 제 행복을 단련합니다. 내가 가지지 못한 것을 언젠가 가져야만 한다고 생각하지 않고, 나에게 주어진 것과 내 몸으로 느끼는 감각을 가장 거대한 행복으로 받아들입니다.

삶의 모든 것은 시간의 문제입니다. 제가 지금까지

일을 하며 배운 가장 중요한 삶의 태도 역시 시간에 관한 것입니다.

우리는 이 일을 통해 아주 짧게 누군가와 스치듯 만나기도 하고, 반대로 긴 시간 동안 서로를 알아가기도 합니다. 그와 동시에 아주 어린 사람과 나이 많은 사람을 번갈아 보게 되는 특별한 일을 하고 있습니다. 매우 가까운 시간과 먼 시간, 매우 짧은 시간과 긴 시간을 유연하게 상상할 수 있는 사람은 틀림없이 건강한 생각을 하게 됩니다. 우리가 매일 하는 일은 눈에 띄는 흔적을 남기지는 않더라도 마음에 시간이라는 관념에 대한 선명한 인상을 심고, 삶의 가치관을 튼튼하게 만듭니다.

어떤 사람이 자기 미래를 볼 수 있다고 가정합시다. 남은 시간이 하루인지 백 년인지에 따라 앞으로 삶의 방식이 완전히 달라질 겁니다. 그러나 삶을 향한 근본적인 태도마저 달라져서는 안 됩니다. 태도는 언제 죽을지 모르는 삶의 불확실함과는 거리가 멀기 때문입니다.

아무리 노력해도 오래 사는 데에는 한계가 있습니

다. 그러나 촘촘하게 사는 노력에는 한계가 없습니다. 우리가 어떠한 시나리오로 죽음을 맞이하든 중요한 것은 삶과 죽음 사이를 잘 메꾸는 일입니다. 촘촘하게 사는 노력은 죽기 전에 급급하게 욕망을 채워야 한다는 의미가 아닙니다. 우리가 이미 가진 것에서 충만한 행복을 발견해야 한다는 뜻입니다. 하루만 살 것도, 영원을 살 것도 아니라면 매일 자기 안에서 움트는 의미를 바라보며 살아가야 합니다.

따라서 행복은 사건적이 아니라 과정적이고, 인생 또한 'drive'가 아니라 'derive'라고 생각합니다. 삶은 방향도 모른 채 무작정 돌진하는 것이 아니라 과거로부터 오늘을 이끌어내고 오늘이 다시 내일을 이끌면서 누적되는 과정입니다. 그러니 행복을 무작정 미래의 어느 순간으로 유예해서는 안 됩니다. 설령 그 미래가 커다란 행복을 담보한다 해도 쌓인 과정이나 인과 없이 일구어낸 결과가 그다음의 결과까지 이끌어낼 수 있을지는 미지수이기 때문입니다.

인생이 최종적으로 어디로 향하는지는 우리 모두 암묵적으로 알고 있습니다. 살아가면서 아무 감동도 느끼지 못하면 인생은 그저 죽음으로 향하는 최단 경로의 여행이 될 뿐입니다. 그러니 삶은 목적지가 아니라 경유지로 설명되어야 하는 여행입니다. 우리는 감각을 촘촘하게 느끼려는 노력을 통해 자주 한눈팔고 또 두리번거리며 끝을 향해가는 우리의 삶을 시간의 향기와 여운으로 채워나가야 합니다.

오래 살기 위해, 또는 잘 살기 위해 운동하거나 고민하는 동물은 오직 인간뿐입니다. 인간은 이처럼 자신에게 남은 시간의 한계를 인지하며 '오래가는 것'에 강렬한 마음을 품습니다. 마찬가지로 일도 오래갈 것을 염두에 두어야 합니다. 그러나 일과 삶의 차이점이 하나 있다면 일은 한 인간의 수명을 뛰어넘어 생각해야 한다는 점입니다. 좋은 일, 그리고 사람들에게 필요한 일이라면 계속되어야 하기 때문입니다.

우리의 일은 사람들을 괜한 욕망으로 현혹하거나 물들이지 않으면서, 당장 눈앞의 욕심보다는 조금 더 멀리 보고 서로가 필요한 딱 그만큼의 속도로만 나아가야 합니다. 주변의 속도감에 휘말려 너무 빠르게 달리다 보면 이때까지 쌓아온 모든 일이 언젠가 돌부리에 걸려 넘어질 위험으로 전락하고 맙니다.

일이든 삶이든 올바른 태도에서 시작되어야 가장 자연스러운 형태로 커집니다. 태도는 뿌리와 같고, 뿌리가 튼튼한 나무는 땅 위의 풍파에도 흔들림이 없습니다. 저는 이것을 체세포를 늘리고 덩치를 키우는 동물의 성장이 아닌, 필요한 속도로 서서히 그리고 깊게 자라는 식물의 생장이라 부릅니다. 우리는 성장이 아니라 생장해야 합니다. 수령이 오래된 나무의 뿌리를 만질 때 느껴지는 그 단단함이 일과 삶에 깃들어야 합니다.

우리 스스로를 자부심 있게 여기는 태도는 손님에게도 좋은 영향을 미칩니다. 사람은 자기가 보고 접하고 경험하는 모든 것을 통해 배웁니다. 우리가 손님에게서 많은 것을 배우듯 우리 가게를 통해서도 손님들은 반드시 무언가를 배웁니다. 서로 좋은 점을 닮아가는 일은 우리 주변과 사회 전체를 정화하고 튼튼하게 만듭니다. 제품과 돈을 거래하며 파생된 마음의 공명은 보이진 않지만 잔물결처럼 사회 전역으로 넓게 퍼져나갑니다.

'아무것도 가져가지 못하고 지은 업만 따를 뿐이다'
라는 말이 있습니다. 이때의 업은 불교의 업을 가리키
지만, 사람은 자신이 쌓아 올린 일業을 통해서도 드러
납니다. 일은 삶을 표현하는 수단이기 때문입니다. 일
에서의 경험은 나의 세계관을 형성해갑니다. 접객 일
을 통해 평상심과 향상심의 밸런스를 유지하는 법을
터득할 수 있습니다. 그럼으로써 세상과 사람, 자신을
둘러싼 삶의 역학 관계를 이해하고 이에 대한 자신의
태도를 만들어갈 수 있습니다.

일전에 썼던 짧은 글 하나를 공유하며 이야기를 마
치려 합니다.

문득 우리 손님들의
10년 뒤 얼굴이 궁금해질 때가 있다.
어디서 무엇을 하게 될지 같은
구체적인 삶의 형상보다
내가 미처 다 듣지 못했을 안부가
고스란히 드러나는 글자 그대로의 '얼굴'이.
한참을 바삐 살다가 다시 마주했을 때
꽤 오랜 세월이 흘렀음에도

수줍음 가득한 미소가 너무나도 여전하여서
"저는 잘 지냈어요"라고 얼굴이 말을 앞질러
대신 전해주길 바라며.
제품을 매개로 만나서
제품 없는 관계가 그리 어색하지 않아질 때,
아는 사람 하나 없이 태어난 황량한 삶이
비로소 어떤 향기로 채워지는 기분이 든다.

손님들과는 가게라는 명분을 통해 관계를 형성했고, 그들의 개인적인 삶을 자세히 들여다보기는 어렵습니다. 하지만 우리는 좋은 기분을 주고받았던 기억을 근거로 서로를 무한히 신뢰하고 응원합니다. 삶의 태도는 곧 사람에 대한 태도와도 같습니다. 삶을 소중히 여기듯 사람을 소중히 여기고 자신의 삶처럼 타인의 삶 또한 멀리 내다보면서, 서로의 삶을 씨줄과 날줄 삼아 시간의 그물 속에서 아름답게 엮어나가면 좋겠습니다.

*

아무리 노력해도 오래 사는 데에는
한계가 있습니다.
그러나 촘촘하게 사는 노력에는
한계가 없습니다.
우리가 어떠한 시나리오로 죽음을 맞이하든
중요한 것은 삶과 죽음 사이를
잘 메꾸는 일입니다.
촘촘하게 사는 노력은 죽기 전에 급급하게
욕망을 채워야 한다는 의미가 아닙니다.
우리가 이미 가진 것에서
충만한 행복을 발견해야 한다는 뜻입니다.
하루만 살 것도, 영원을 살 것도 아니라면
매일 자기 안에서 움트는 의미를
바라보며 살아가야 합니다.

절망을 통해서 우리는
고유한 사람이 됩니다

    삶의 태도가 아무리 단단하다 할지라도 때로 예상하기 어려운 절망이 찾아오기도 합니다. 절망은 무언가의 끝처럼 느껴질 수도 있지만, 결코 인생 자체의 끝을 의미하지는 않습니다. 가혹할 정도로 절망적인 상황에서도 우리는 다시 새로운 나로 거듭날 가능성을 가지고 있기 때문입니다.

    톨스토이의 소설《안나 카레니나》는 다음과 같은 문장으로 시작합니다. "행복한 가정의 이유는 모두 비슷하지만, 불행한 가정은 제각기 다른 이유 때문에 불행하다." 이 유명한 문장에 관해서는 이미 문학적으로 수많은 담론이 오갔습니다. 이번에는 소설의 내용과 별개로 우리가 제각각 다른 모양의 불행을 극복하면서 진정으로 나아가야 할 방향을 이야기해보려 합니다.

　살면서 가장 불행했던 때를 기억하십니까? 절망스러웠던 어떤 특정한 날이나 시기 말입니다. 일과 가족, 사랑 혹은 어떠한 이유로든 잠을 설치고 생각에 잠겨 거리를 걸었던 적이 있으십니까? 지금까지도 가끔 꿈을 꾸거나 그때를 기점으로 삶이 뒤바뀔 정도로 선명한 불행을 겪어보셨다면 제 말이 무슨 뜻인지 잘 아실 겁니다. 사실 가장 불행했던 때는 구태여 기억할 필요도 없이 그냥 마음과 정신에 박혀 있습니다.

　저에게는 그게 2019년이었습니다. 저를 둘러싼 모든 환경과 일들이 하나같이 잘 풀리지 않던 시기였습니다. 〈녹기 전에〉를 오픈하고 나서 일과 삶이 잘 흘러가던 것도 잠시, 갑자기 맞닥뜨린 여러 절망적인 사건 앞에서 정신을 못 차리고 물속으로 가라앉고 있었습니다. 앞서 잠시 말씀드렸지만, 손님이 급격하게 줄어들자 갑자기 제 자신이 부끄러워졌습니다. 급기야 손

169

님이 올 때까지 겨우 몸이 들어갈 만큼 좁은 화장실에 숨어 있었습니다. 당시 익선동은 외국인 관광객들까지 몰려와 거리에는 사람이 늘어났지만, 매일 새롭게 오픈하는 가게들 사이에서 우리 가게의 존재감은 오히려 줄어들었습니다. 급기야 앞이 잘 안 보이고 귀도 안 들리는 공황 증세까지 나타났습니다. 도무지 절망의 끝을 알 수 없는 나날이었습니다.

지금 생각하면 아주 우연한 변화의 계기가 그때 시작됐습니다. 손님이 없으니 아이스크림을 만들 필요가 없었고, 시간이 많아 그저 화장실에서 하릴없이 다른 사람들의 SNS를 들여다보았습니다. 그때까지 저는 으레 SNS를 남들처럼 의무적으로 해야 하는 마케팅, 오프라인의 연장선에서 손님과 만나는 온라인 접점 정도로만 여겼습니다. 그러다 보니 SNS를 하면서도 다른 사용자들에 대해서는 무관심했습니다. 어느 날 시간이 남아 남들은 무얼 어떻게 하나 봤더니, 놀랍게도 세상엔 자기 일을 멋지게 잘해내는 사람들이 넘쳐났습니다. 자기만의 온전한 빛을 발하며 다른 사람들에게 영향을 주고 있는 그들이 궁금했고, 또 그 세계가 궁금했습니다.

일과 관련해 훨씬 더 넓은 세계가 있다는 충격으로 그때부터 저는 정말 많이 들여다보고, 걷고, 읽고, 생각했습니다. 자정에 일이 끝나면 곧바로 24시 카페로 가서 시중에 나와 있는 모든 브랜딩, 마케팅, 디자인, 기획 관련 서적들을 새벽까지 읽었습니다. 책 속에서 수많은 브랜드 사례와 이론을 접했습니다. 많은 것을 보고, 사고, 또 여러 곳을 돌아다녔습니다. 앞으로 일을 어떻게 해나갈지 고민하며 해가 뜨기 직전까지 어두운 밤거리를 걸었습니다. 당시의 일기장은 걸으면서 기록한 생각의 파편들로 빼곡합니다.

많은 사례와 책에서 영감을 찾았으니 저는 과연 그것들로부터 잘 배워서 개인적인 절망을 빠져나왔을까요? 책을 읽으면 지식이 쌓이고 이를 통해 절망을 헤쳐 나올 수 있다는, 빤한 결론을 내리려고 제 이야기를 꺼낸 것은 아닙니다. 사실 제 이야기는 이제부터가 시작입니다.

많은 책에서 어떻게 브랜딩, 마케팅, 디자인을 해야

하는지 보고 고개를 끄덕였지만, 실제로 기억나는 것은 거의 없었습니다. 잠깐잠깐 머릿속에 영감이 들어차는 느낌이 들 때도 있었지만, 자고 일어나면 그런 기분은 사라지고 다시 제자리였습니다. 어딘지 모르게 그 기술들이 제 것이 아니라고 느꼈기 때문입니다. 하지만 생뚱맞게도 제가 보고 듣고 읽은 것을 기억하지 못한 주된 원인은 전혀 다른 곳에 있었습니다.

저는 건망증이 매우 심하고 기억력이 좋지 않습니다. 일상생활에서는 물론이고 무언가를 배워도 금방 잊어버리기 일쑤입니다. 책을 통해 무언가를 배우는 것은 거의 불가능한 수준입니다. 그래서 참 아이러니합니다. 지금도 책을 그렇게나 좋아하는데, 읽고 나서 다시 잊어버릴 독서를 저는 왜 하는 걸까요?

저는 오래지 않아 책의 내용을 다 잊는 대신, 책을 읽는 동안 조용히 자신을 거울 비추듯 바라봅니다. 그리고 그 책의 내용과 흐름을 언어가 아니라 느낌으로서 체화합니다.

새벽마다 많은 책을 읽고 난 뒤 어느 순간 저는 한 가지 사실을 깨달았습니다. 또 잊어버릴 남의 사례를 보면서 잠시뿐인 영감을 찾을 게 아니라 '극단적으로 다시 나 자신으로 돌아가야 한다'라는 점이었습니다. 하다못해 내가 좀 부족하고 못나 보이는 모습이더라도 말입니다. 먼저 저는 아무리 디자인 관련 서적을 읽어도 디자인을 볼 줄 모르는 사람이라는 사실을 인정해야만 했습니다. 그래서 디자인을 모르면 모르는 대로, 없으면 없는 대로 그냥 두었습니다. 그때는 가게를 하는 사람으로서 디자인을 손에서 놓는다는 결정이 거의 일을 포기하겠다는 말처럼 느껴지기까지 했습니다.

　유동 인구가 많은 소위 핫플레이스라는 곳에서 잘할 수 있는 사람이 아니라는 것도 인정해야 했습니다. 저는 제가 원하는 일을 해야 하지, 손님과 아이템을 분석해가며 장사를 할 수 있는 사람은 아니었습니다. (이것은 제가 훗날 '단점을 극대화하면 장점이 된다'고 말하게 된 배경이기도 합니다.) 이를 전면에 드러낸 채, 예컨대 컵에 아무런 디자인도 하지 않거나 조용한 골목으로 매장을 옮기는 등 지금껏 제가 살펴본 책들에서는 찾아보기 힘든 방향으로 성큼성큼 나아갔습니다. 돌이켜 보면 저에게 절망은 스스로를 찾아가는 매우 귀중한 시간이었습니다. 절망 앞에서 저는 저와 마주하는 시간을 절대적으로 많이 가졌습니다. 잠을 아껴가며 소리 없이 스스로와 대화를 나누었습니다. 일의 의미를 찾기 위해서는 그 일을 하는 나라는 사람의 의미부터 먼저 찾아야 했습니다.

저는 절망 속에서, 그러니까 저와 대면하는 긴 시간 동안 어떻게 일해야 하는가에 대한 답을 조금은 알게 되었습니다. 시간도 오래 걸리고 또 많이 고통스러웠습니다. 하지만 한층 더 단단하고 성숙한 사람이 될 수 있었고, 더 즐겁게 일할 원동력을 얻었습니다.

절망은 나와 대면하라는 강한 신호입니다. 톨스토이의 문장처럼 즐거움의 근원적 모양은 모두 같습니다. 그것은 좋은 경치를 보고, 맛있는 것을 먹고, 농담을 주고받는 등 대체로 모두가 공감할 수 있을 만큼 아주 단순한 형태입니다. 하지만 불행은 지극히 개인적입니다. 형태가 너무나도 다양하고, 애석하고, 우울합니다. 삶을 고꾸라지게 만드는 상황과 여건이 오직 나에게만 배타적으로 존재합니다.

이처럼 불행의 모습이 서로 다르다는 것은 시련을

견디는 과정 또한 개별적이라는 뜻입니다. 다른 사람의 조언이 잠깐의 처방이 될 수는 있지만, 결국 스스로와 정면에서 대화하며 내부적으로 자신을 조각하는 과정을 거치지 않으면 안 됩니다. 그리고 그것을 극복하는 과정에서 그 사람만의 독특한 향기, 바로 아이덴티티가 형성됩니다. 그렇게 실패나 불행, 시련을 이겨내는 과정을 통해 우리는 역사상 유일한 사람이 됩니다.

어쩌면 불행은 내가 나를 발견하기 바로 전 단계일지도 모릅니다. 우리는 살면서 사회적 통념을 분별없이 습득하고, 무조건적이고 전체적인 지향점을 가지며, 관습 혹은 환경에 따라 많은 욕망을 품게 됩니다. 불행은 이러한 상태에서 내가 정말 좋아하는 것, 편안한 것 그리고 진정 원하는 것을 처음으로 교정하는 시간일지도 모릅니다. 사람은 때론 불행 '덕분'에 훗날 행복을 얻기도 하고, 다행 '탓'에 오히려 더 불행해질 수도 있습니다. 아직 우리가 인생의 전체적인 그림이나 나비 효과를 알지 못할 뿐입니다.

힘든 시기에 대해서는 언제나 두 가지 시선이 공존

합니다. 잠시 쉬어가도 괜찮다는 부류와 그때 가라앉지 않도록 더 열심히 헤쳐 나가야 한다는 부류입니다. 이 둘은 자기 위안과 자기계발이라는 두 개의 큰 줄기로 나뉘어 서점의 베스트셀러 자리를 몇 년 주기로 서로 내주기도 합니다. 그러나 사실 이 중에 정답은 없습니다. 평온을 되찾기 위해 슬그머니 쉬어가도 좋고, 성큼성큼 아니면 버티듯 꾸역꾸역 나아가도 좋습니다. 자기를 찾는 방식은 여러 가지일 수 있으니까요. 다만 자기 자신을 온전히 대면하여 내 안에 깊이 자리한 나를 끄집어내는 노력을 아끼지 말아야 합니다. 내 절망은 오직 나의 헤엄으로만 헤쳐 나올 수 있습니다.

물론 제 이야기는 하나의 작은 사례에 불과합니다. 이보다 더 고통스러운 일을, 더 오래 겪은 사람도 수두룩합니다. 그래서 말씀드리기가 더욱 조심스럽지만 결국 절망과 희망은 동전의 서로 다른 면과 같습니다. 절망의 다음 페이지가 또 다른 절망이라고 장담할 수는 없습니다. 절망 속에서도 우리는 늘 손에 잡히는 분명한 의미를 얻을 수 있고, 개인적인 욕망이나 삶의 방향을 재조정할 수도 있습니다. 다만 구체적인 절망에 주눅 들지 말고, 추상적인 절망에 상상의 여지를 무한히 내주어서도 안 됩니다. 지금의 절망을 있는 그대로, 나를 둘러싼 조건이나 환경을 제외한 채 오직 나 자신으로 맞이하고 나면 사람은 반드시 빛나는 자신을 되찾을 수 있습니다.

하루하루 좋은 기분을 느끼려면 자기 인생에 대한 태도가 바로잡혀 있지 않으면 안 됩니다. 자기와 대면하는 과정을 통해 나를 직시하면, 그래서 수면 위로 다시 떠오르고 나면, 크게 숨을 들이마시듯 인생을 관통하는 상쾌한 기분을 맛볼 수 있을 겁니다.

성장이 아니라
생장하기

앞 장에서 저는 '절망 속에서도 우리는 늘 손에 잡히는 분명한 의미를 얻을 수 있고, 개인적인 욕망이나 삶의 방향을 재조정할 수도 있다'라고 말했습니다. 저 역시 절망 이후 삶의 방향과 가치관이 크게 바뀌었습니다. 요컨대 저는 그 이후 모든 비즈니스에서 기본적이고 필연적인 동력이라고 여겨지는 성장 대신 생장이라는 대안을 제시합니다.

사실 사전적으로는 성장과 생장의 의미가 명확하게 나뉘어 있지 않습니다. 생물학 분야를 들여다보아도 이 둘을 따로 구분하지는 않는 듯합니다. 즉, 동물도 생장하고 식물도 성장합니다. 하지만 여기에서 저는 성장과 생장의 개념을 각각 동물이 자라나는 방식과 식물이 자라나는 방식이라고 정의했습니다. 그리고 이 두 단어의 뉘앙스 차이를 말씀드리고자 합니다.

동물은 보통 성체가 될 때까지 빠르게 자라납니다. 미숙에서 성숙으로 나아가는 과정 동안 부피와 무게가 빠르게 증가합니다. 그러다 일정한 크기가 되면 더 이상 커지기를 멈추고 그 형태를 오랫동안 유지합니다. 저는 이것을 '성장'이라 부릅니다.

동물의 성장은 한계가 분명합니다. 형태가 완성되면 그 이후로는 노화하기 시작하고, 어느 순간부터는 기능이 급격히 저하되는 노쇠 현상이 일어납니다. 성체로서 누리는 영광의 순간은 그리 길지 못합니다. 자신에게 주어진 선형적인 시간 동안 가장 완성된 시절은 일생에 단 한 번 찾아올 뿐입니다.

동물은 계절의 변화가 찾아오면 혹독한 생존의 시간을 보냅니다. 일부 동물은 겨울잠을 자기도 하지만 대부분의 동물들은 계절의 변화에 맞서 자신을 지키기 위해 사투를 벌입니다.

반면 상당수의 식물, 그중에서도 나무들은 인간이나 다른 동물의 한계를 훨씬 뛰어넘는 시간 동안 자라납니다. 동물에 비해 형태가 커지는 속도는 매우 느리지만, 긴 수명을 가지고 느릿느릿 땅에 공고한 뿌리를 내리며 자신의 면적을 조심스레 넓혀갑니다. 저는 이것을 '생장'이라 부릅니다.

인간이 시간을 세는 단위와 속도로만 보면 식물은 거의 움직이지 않는 것처럼 보입니다. 그러나 십수 년에 걸쳐 조용히 자라난 나무는 그 어떤 풍파에도 흔들리지 않을 정도로 단단하게 중심이 잡혀 있습니다. 그래서 오래된 나무에 조용히 손바닥을 갖다 대면 동물에게서는 절대 느낄 수 없는 장엄한 생명력과 시간의 밀도가 느껴집니다.

게다가 식물은 매년 일정한 시기마다 자신의 생명력을 뽐내기도 합니다. 계절의 변화에 민감하여 어떤 계절은 앙상하게 남아 죽은 것과 다름없어 보이지만, 그 대신 해마다 다시금 자기 절정의 순간을 맞이합니다. 동물과 다르게 계절과 함께 호흡하며 순응하는 형태를 취합니다.

일반적으로 현대의 사람들과 브랜드는 자의든 타의든 성장이라는 가치를 최우선으로 두는 것 같습니다. 그것이 정말로 시대적 '가치'인지 아니면 시대적 '장치'인지 따져보기도 전에 일단 이를 행하고 있습니다. 그런데 사람이나 브랜드는 자신의 가치관과 철학의 중심이 되는 물질대사의 방식으로서 성장 대신 생장을 택할 수도 있습니다.

제가 제시하는 생장은 크게 세 가지 측면에서 성장과 다릅니다. 첫 번째는 목표를 세울 때나 일을 할 때 절대 무리하지 않는다는 점이고, 두 번째는 성장에 비해 훨씬 먼 미래를 내다본다는 점이며, 세 번째는 계절에 발맞춰 시간을 반복되는 한 해의 리듬으로 생각한다는 점입니다.

특히 브랜드의 생장은 성장을 매우 긴 호흡으로 잡아서 수십 년, 더 길게는 우리가 죽고 난 이후의 시간으로까지 타임라인을 늘려놓은 개념입니다. 브랜드가 지금 세상에 있는 이유를 증명하는 것이 성장이라면, 앞으로도 존재할 이유를 찾아가는 것이 생장입니다. 생장은 성장보다 더 오랜 시간 지속성을 가지며, 자연스러운 형태로 발전합니다.

저는 모든 브랜드의 자연스러운 속도가 꼭 성장의 형태여야 한다고 생각하지 않습니다. 일과 관련되어 사람들이 이야기하는 성장은 다른 동물에는 없는, 오직 인간만이 가진 개념이라고 할 수 있습니다. 유독 다른 신체보다 뇌가 발달한 인간이 유한한 삶에서 근원적인 의미를 찾아내기 위해 발명한 것입니다. 성장은 한 인간이 지닌 생물학적 한계 위에 신기루처럼 구축되어 있습니다. 생물학적 한계 그리고 자원의 한계로 인해 무한한 성장은 결코 불가능하기 때문입니다.

성장은 한 인간의 자아를 실현하거나 궁극적으로 다시 태어나게 만들기도 합니다. 하지만 맹목적인 성장, 특히 시대 전체가 관성적으로 부르짖는 바람에 등 떠밀린 '초조한 성장'은 개인을 인류 공동의 지적 발명품 안에 가둔 채 가학적인 결과를 낳기 쉽습니다.

게다가 요즘 시대가 말하는 성장은 수십 년 전 실제로 고성장이 가능했던 제조업 기반의 시대와는 그 풍경이 많이 다릅니다. 멀리 나아가는 듯 움직이지만 실제로는 한자리에서 벗어나지 못하는 자맥질에 가깝습니다. 특히 브랜딩으로 촉발된 성장이라는 슬로건은 사람들에게 무작정 더 내달리라고 부추깁니다. 하지만 정작 우리는 숫자와 지표만 추종하며 어디로 향하는지도 모른 채 냅다 뛰고만 있다는 느낌입니다.

  제가 이 일을 시작한 이후 여러 가지 크고 작은 변화들이 있었지만, 아무래도 가치관의 변화가 가장 컸습니다. 처음에는 그저 많이 팔거나 매장이 늘어나는 것이 중요하고 또 좋은 일이라고 생각했습니다. 그러나 맹목적인 시각에서 벗어나 생장의 개념을 받아들이면서 일의 목적과 방향성이 조금씩 바뀌었습니다. 즉, 예전에는 스스로도 이유를 모른 채 '더 많이'나 '더 크게'를 추구했다면, 이제는 그에 더해 '어떻게' 일할지와 그 과정에서 '무엇을' 얻을지에 대한 고민이 생겼습니다.

  특히 절망 속에서 다른 사람들과 브랜드의 성장을 바라보며 나도 성장해야겠다고 느꼈던 그때, 왠지 모르게 제가 무리하고 있다는 위화감이 강하게 들었습니다. 즐거움에 겨워 지나치게 일하면서 몸을 썼다는 뜻이 아닙니다. 성장이라는 강박관념이 생겨나 자연스러운 맥락과 인과관계 없이, 관성적으로 일단 성장해야 한다고 생각한 것이 문제였습니다. 그런 제 안의 신호를 깨닫고는 소스라치게 놀라서 '맥락 없이는 출점하지 않는다'라는 규칙을 세웠습니다.

　일반적인 성장의 관점으로는 무작정 가게가 늘어나 훨씬 더 많은 사람이 훨씬 더 자주 우리 아이스크림을 드시는 게 좋습니다. 하지만 저는 사람들이 꼭 필요하고 소중한 순간에 아이스크림을 찾기를 바랍니다. 식물의 생장에 비유하자면, 생각보다 많은 식물이 과습 때문에 죽습니다. 너무 많은 물과 영양제가 오히려 생장이라는 방식에 해가 되는 것입니다. 일에서의 생장도 마찬가지입니다. 너무 격하게 소비되면 분명 어느 순간 한계에 봉착하고, 브랜드의 뿌리마저 물렁해지는 사태가 벌어집니다. 반면 우리의 일상을 행복하게 만들 정도의 적당한 속도감, 다른 말로 주체적인 속도로 일을 이어가기 위한 개념이 바로 생장입니다.

　우리는 기본적으로 먹고살기 위해 일을 합니다. 처음에는 모두가 똑같이 농사를 지었지만, 곧 유능한 누군가가 효율적으로 여러 명을 위한 작물을 재배했습니다. 그리고 다른 사람들은 그 작물을 얻기 위해 서로에게 도움이 되는 다른 일들을 해온 것이 바로 직업의 출발입니다. 그 이후로 일은 형태와 의미의 진화를 거듭해왔습니다.

우리 시대의 일은 이제 단순한 돈벌이나 의식주 생활을 위한 것이 아닙니다. 저 역시 일을 하면서 일상의 작은 것들을 대하는 태도가 많이 변했습니다. 이전에는 간과했던 작은 성취들과 손님들과의 교감, 그리고 하루의 부드러운 흐름을 보다 중요하게 여깁니다. 일을 단순히 목적 달성의 도구로만 보는 시각과 모든 것을 빠르게 이뤄내야 한다는 압박에서 벗어나, 과정에서의 경험과 배움을 더 가치 있게 여기게 되었습니다.

더불어, 다른 사람과의 협력과 소통의 중요성도 더 깊이 깨달았습니다. 브랜드의 생장은 혼자서는 이루기 힘들며, 팀원과의 협력과 아이디어 교환을 통해 더 큰 가치를 창출할 수 있습니다. 일이란 개인의 업무가 아니라 팀과 협업의 결과물이기 때문입니다. 한 가게에서 같은 그림을 공유하며 어엿한 일원으로 함께하는 느낌은 그 무엇보다 소중한 경험이자 일상의 원동력입니다.

성장이나 생장 중 어느 것이 더 낫다고 이야기하는 게 아닙니다. 제 이야기의 핵심은 모든 사람이나 브랜드가 궁극적으로 자신에게 걸맞은 자연스러운 속도를 찾아야 한다는 데 있습니다. 개인의 삶이나 브랜드가 존재하는 기간을 막연하게나마 다양한 방식으로 상상하는 것이 이 속도를 측정하는 데 큰 도움이 됩니다. 저 역시 제가 유한하다는 사실을 알지만, 저의 일은 무한한 가능성을 지녔다고 상상하곤 합니다. 그리고〈녹기 전에〉의 오랜 생장을 위해 제 인생의 시작과 끝을 상상하면서 그 가운데를 잘 채워야겠다고 다짐합니다.

언젠가 다음 세대가 이 일을 이어간다면, 마찬가지로 자기 삶의 범위 내에서 어떻게 일을 생장시킬지 다가올 시대를 앞두고 깊이 고민했으면 좋겠습니다.

보다 나은 삶을 위한
손님 가이드

   하루에도 많은 손님이 가게의 문을 열고 들어옵니다. 쇼케이스 앞까지 걸어오는 그 짧은 순간에 접객하는 사람은 들어오는 사람의 눈빛과 표정, 심지어 문을 여는 속도나 움직임만으로도 지금의 기분을 포착할 수 있습니다.

   기분은 생각보다 감추기 어렵습니다. 더군다나 매장 문을 열고 들어오는 순간 자신의 기분을 정리해야 겠다고 생각하는 사람은 거의 없습니다. 따라서 바로 전까지 일상에서 담고 있던 기분은 문을 여는 순간 얼굴과 목소리에 선명히 드러납니다.

지금까지는 손님에게 좋은 기분을 전해드리기 위한 〈녹기 전에〉의 역할을 말씀드렸습니다. 노력을 통해 손님에게 미리 기대감을 주거나 매장까지 오는 길을 가볍고 산뜻하게 만들어드릴 수는 있습니다. 그러나 어떠한 이유에선지 마음이 굳게 닫힌 손님의 방문이라면 이야기가 조금 다릅니다. 좋은 기분은 편지와 같아서 주는 사람이 있으면 그것을 받는 사람이 있어야 하기 때문입니다. 우리가 아무리 노력해도 손님의 마음이 굳게 닫힌 상태라면 정서적 교감이 오가기 어렵습니다. 그래서 지금부터는 누군가 건네는 좋은 기분을 받는 것에 대한 이야기를 드릴까 합니다.

미묘한 차이긴 하지만 웃는 손님을 맞이할 때 저는 조금 더 웃게 됩니다. 사실 그것은 굉장히 자연스러운 일입니다. 잔잔한 파도보다 밀려오는 파도에 서핑보드를 맡기기가 더 쉽듯이 말입니다. 밀려오는 미소의 흐름에 자신의 미소를 더 보태지 않을 사람은 극히 드뭅니다. 이것은 제가 다른 가게에서 손님일 때도 마찬가지였습니다. 제가 조금 더 웃으면 업장은 조금 더 반겼습니다. 그래서 즐거운 시간을 보내고 싶은 공간에서 저는 더 많이 웃었습니다.

미소는 엄연히 노력이 필요한 인사입니다. 매장에서의 경험을 즐겁게 만드는 일은 매장뿐 아니라 손님에게서도 출발할 수 있다는 의미입니다. 손님에게 미소를 부탁하는 것이 가게로서 주제넘는 일이라고 생각하실지도 모릅니다. 그러나 그 노력의 효과는 상당합니다. 어떤 손님과의 관계는 경계심 없는 미소 하나로 쌓이기 시작했다 해도 과언이 아닙니다. 특히 마스크를 써야 했던 시절에는 눈웃음만으로도 미소를 알아보았고, 기분 좋은 대화를 이어갈 수 있었습니다.

〈녹기 전에〉는 저 한 명으로 구성된 가게가 아니라 자신의 소중한 삶을 발산하고 있는 사람들이 함께 모인 공동체입니다. 즉, 저의 지침이나 가이드와는 별개로 가게에서 겪을 매 순간의 장면들은 제가 아니라 〈녹기 전에〉의 구성원과 손님이 만들게 됩니다. 그것이 서로의 기억에 선명히 남는다는 점을 생각할 때, 제품을 사이에 두고 이루어지는 이 결정적인 장면에서 먼저 미소 지어야 하는 사람의 순서는 없습니다. 매장에 형성된 그날그날의 고유한 분위기 속에서 누군가가 먼저 미소를 지어준다면 어떨까요. 공간에는 뜻밖의 몰입감이 생기고, 혹여 남아 있던 마음의 문턱도 모두 허물어질 겁니다. 미소는 일종의 신호로서 그 직후부터는 매장에서 일어나는 모든 흐름에 자기 자신을 온전히 내맡겨도 좋습니다.

〈녹기 전에〉는 궁극적으로 매장에 도착하는 손님들의 삶을 응원합니다. 함께 교감할 준비가 된 업장과 손님, 손님과 업장의 관계가 아름다운 일상의 일부를 이루기 때문입니다. 손님들의 삶을 간절히 응원하는 일은 무엇보다 동시대를 살아가는 서로를 화목하게 만들고, 시대 전체에 구석구석 불을 밝힙니다. 손님과 그 주변의 사람들이, 그리고 이 시대를 살아가는 모두가 좋은 기분을 만들기 위해 노력하고 더 나은 삶의 방향으로 나아간다고 상상해보세요. 우리가 손님에게 좋은 기분을 드리려는 노력은 어쩌면 매우 일상적이고 당연한 일이 될지도 모릅니다. 친절을 위한 노력이 지극히 당연한 세상, 그것은 제가 바라는 '좋은 기분이 선순환'하는 가장 이상적인 세상입니다.

저는 매일 숨을 쉬고 물을 마시는 것처럼, 하루하루 좋은 기분을 느끼는 것도 사실 당연한 일이어야 한다고 생각합니다. 산소나 물에 대한 갈증이 있는 상태로는 무엇에도 집중할 수 없습니다. 마찬가지로 개운하지 않은 기분으로는 그 무엇도 제대로 할 수 없습니다. 더 이상 기분을 신경 쓰지 않을 정도로 개운할 때, 그것이 당연한 상태일 때 비로소 우리와 시대는 어느 방향으로든 한 걸음 더 나아갈 수 있습니다.

가게 안에서 손님을 맞이하는 사람은 문밖에서 벌어지는 일들에 대해 알지 못합니다. 사람들이 어떤 험난한 인생을 살아가는지 대화를 나눈다 한들 구체적으로 알기는 어려운 법입니다. 일하다 보면 어떤 손님은 보석 같은 미소를 띠고 들어오고, 또 어떤 손님은 세상의 모든 우울을 껴안은 채 들어옵니다. 이렇게 오늘 하루 극명히 나뉜 사람들의 기분이 때론 마음을 아프게 합니다.

각자의 입장과 상황이 있겠지만 제가 힘주어 부탁하고 싶은 것이 하나 있습니다. 가게 안에서 느끼는 기분과 가게 밖에서의 일상적인 기분의 차이가 크면 클수록, 반드시 자기 삶에 여러 근본적인 물음들을 던져 보아야 합니다. 손님이 자기 인생을 잠시 외면하려는 용도로만 매장을 방문하는 것은 궁극적으로 〈녹기 전에〉가 추구하는 바와도 맞지 않습니다. 〈녹기 전에〉는 잠깐의 평온과 안식을 제공하기 위해 노력하고 있습니다. 하지만 그것을 업장의 목표나 전략으로 삼고 있지는 않습니다. 그것은 부차적인 효과로서 오히려 〈녹기 전에〉는 기분을 증진할 필요가 없는 시대, 좋은 기분이 당연한 시대를 꿈꿉니다.

일상에 마음 둘 공간 혹은 제품이 하나쯤 있다는 것은 큰 위로가 됩니다. 그것이 〈녹기 전에〉와 우리가 만드는 아이스크림이 된다면 매우 영광스러운 일입니다. 그러나 우리는 항상 손님들에게 아이스크림이라는 위안 이전에 일상의 뿌리를 튼튼히 하라는 메시지를 전합니다. 보다 나은 삶이란 아이스크림 혹은 공간 하나에 의지할 만한 규모가 아닙니다. 그것은 과거, 현재, 미래, 그리고 지금 있는 자리까지 포함해 나와 관계하는 시공간 전반을 돌아보고 이것이 내가 선택할 수 있는 최선의 현재인지를 가늠하는 삶입니다. 또한 스스로의 기분을 잘 이해하고, 삶에 더해지는 크고 작은 변주를 통해 자아존재감과 자기효능감을 느끼는 삶입니다. 삶에 자기 고민을 투영한 결과물로서 일상을 펼쳐나가야 합니다.

물론 매우 어려운 일입니다. 세상이 변하는 속도가 끝없이 빨라져 우리가 인식하는 범위를 벗어나고 있기 때문입니다. 스스로 판단할 수 있는 근거는 빈약해졌고, 무수히 많은 신호가 우리를 현혹합니다. 최선의 현재를 판단하려 할수록 끝없이 더 자극을 받습니다. 그사이에 우리의 몸과 마음은 알게 모르게 무뎌지고 소모됩니다. 선명했던 자아는 갈수록 흐릿해져 갑니다. 자기를 지키는 일은 과거 그 어느 때보다도 어려워 보입니다.

바로 그때 잠시 시간을 내어 아이스크림 한 컵과 오롯이 마주해봅시다. 주변은 물론 세상에 아무것도 없고 오직 이 한 컵과 나만 있습니다. 일상의 쉼표가 아니라 영원히 이렇게 우리 둘만 있다고 상상하는 겁니다. 스푼을 잡은 손가락에서 느껴지는 부드러운 저항감, 그 움직임을 바라보는 시선, 입안에서 드라마틱하게 퍼지는 차가움 뒤에 서서히 느껴지는 맛, 약간 미지근해진 채로 달콤하게 넘어가는 목 넘김. 이 모두는 나를 구성하고 내가 감각한 것들입니다. 세상이 아무리 빠르게 변하고 또 혼란스럽다 해도 결코 변하지 않는 내 감각의 요소들입니다. 몸과 머리, 마음으로 좋아하는 것을 느끼고 그 과정을 지그시 바라보는 일, 그리고 부족하거나 나에게 과분한 것들을 정확히 이해하고 이를 원동력 삼아 '자신의 삶'을 '자신을 삶'으로 만드는 여정. 아이스크림은 짧은 시간 동안 그것을 일깨워주는 작지만 중요한 역할을 합니다.

저는 이처럼 아이스크림이 부서질 것 같은 일상에서 잠시 쉬어가는 안락일 뿐 아니라 자신을 이해하고 찾아가는 일종의 수행이 되었으면 좋겠습니다. 그 무엇보다 수명이 짧은 디저트이지만, 긴 수명의 생각을 돕는 마중물이 되었으면 합니다. 그리하여 문득 아이스크림 한 컵을 마무리할 때쯤 마음 깊은 곳에서 어떤 결심이 생겨나 문을 나섰을 때 새로운 길과 용기를 되찾기를 진심으로 바랍니다.

우리는 삶의 주체로서 동시에 객체로서 무수히 많

은 영향을 주고받으며 살고 있습니다. 거래는 입체적이고 생동감 넘치는 삶의 고작 한 단면일 뿐이지만, 그 장면에서조차 서로 즐거운 순간을 맞이해야 합니다. 그 순간을 상상하며 우리는 좋은 기분으로 다시 한자리에서 만나야 합니다. 저는 매장 문을 여는 순간, 이미 좋은 기분의 사람들이 서로 마주하길 바랍니다. 〈녹기 전에〉가 단순히 좋은 기분을 담보하는 매장이 아니라, 손님의 좋은 기분을 재확인하고 자신의 감각과 삶을 소중히 하는 사람들이 교감하는 장이 된다면 더 바랄 것이 없겠습니다. 저는 그것이 손님과 가게의 건강한 관계이자 지금 시대에 필요한 최고의 미덕이라 생각합니다.

문을 여는 순간, 부디 웃는 모습으로 다시 만납시다.

좋아하는 일이
좋은 일이 될 때

　가게와 손님 사이의 관계는 시간이 흐름에 따라 변화하고 발전합니다. 처음에는 '진지함과 유머'를 중심으로 가게를 운영하며 손님들에게 좋은 경험을 제공하는 것이 목표였습니다. 이를 통해 가게를 방문하는 손님들과 유대감을 형성하고, 서로 소소한 기쁨을 나누기도 했습니다. 그러나 곧 그렇게만 일을 지속하기엔 한계가 있음을 어렴풋하게 느꼈습니다.

　우리는 손님들의 다양한 삶의 이야기를 들었고, 그들의 감정과 생각을 이해하며 함께 웃고 고민했습니다. 그러자 점차 가게와 손님 사이의 관계가 단순히 상업적인 거래를 넘어서기 시작했습니다. 손님들은 〈녹기 전에〉의 정체성과 가치를 이해하고, 이름의 의미에 공감하며 찾아왔습니다. 이러한 변화는 또한 〈녹기 전에〉와 손님이 서로 오랜 시간을 함께할 인연이라는 인식으로 이어졌고, 가게와 손님들의 관계는 더욱 깊고 의미 있게 바뀌었습니다.

가게 운영을 통해 손님들과 소통하는 과정에서, 우리는 서로를 이해하고 존중하는 태도와 공동체 의식의 중요성을 알게 되었습니다. 손님을 단순히 오늘만 우리 가게를 찾아오는 사람들이 아니라, 한 공동체의 일부분으로 보는 시야가 생겼습니다. 이 말은 아이부터 어른까지, 혹은 한 아이가 어른이 될 때까지 모든 생애에 우리가 함께한다는 의미였습니다. 이들과 오래오래 함께하기 위해서는 가게가 손님들의 삶에 긍정적인 영향을 미치고, 소통과 배려로 협력하는 공동체의 가치를 실천해야 함을 깨달았습니다.

이러한 변화는 우리 일에 접근하는 방식에도 영향을 미쳤습니다. 이전에는 '진지함과 유머'를 중심으로

'좋아하는 일'을 추구하며 가게를 운영했습니다. 하지만 이후로는 '태도와 공동체'에 초점을 맞추며 '좋은 일'로 진화했습니다. 좋은 일을 통해 가게가 잘 유지될 수 있음을 증명한다면 더 많은 가게가 손님들과 공동체 의식을 형성하리라 생각했습니다. 단순히 최근의 마케팅이나 브랜딩 동향을 따라가는 게 아니라, 자력으로 공동체의 의지를 키우는 가게가 눈덩이처럼 불어난다면 그야말로 좋은 세상이 되리라 믿습니다.

좋은 일과 좋아하는 일은 사실 밀접한 관련이 있습니다. 우리는 좋은 일을 할 때도 자신의 취향이나 관심사, 즉 좋아하는 일을 고려하여 분야를 선택합니다. 또한 좋아하는 일을 할 때 그 결과가 주변 사람들에게 긍정적인 영향을 미쳐 좋은 일이 될 수도 있습니다. 따라서 좋은 일과 좋아하는 일은 분리된 것이 아니라 상호 연결되어 있습니다. 좋은 일과 좋아하는 일은 언젠가 어느 지점에서든 반드시 만납니다. 그리고 좋은 기분으로 가득 차 있는 사람은 언젠가는 좋은 일을 좋아하게 됩니다.

좋아하는 일을 오래 하기 위해서는 그 일이 반드시 좋은 일이어야 합니다. 좋은 일이 아니면 좋아하는 일도 오래갈 수 없습니다. 극단적으로 말해서 좋은 일이든 좋아하는 일이든 이를 펼칠 세상이 존재해야 하기 때문입니다. 좋은 일을 바라보는 태도와 공동체 의식은 우리가 어떤 세계를 만들지 결정하는 데 중요한 요소입니다. 우리는 세상을 더 나은 곳으로 만들기 위해 책임과 의지를 갖고 공동체의 일원으로서 협력해야 합니다. 세상은 우리가 의식적으로 선택하고 결정할 수 있는 영역이며, 의지를 합친다면 더 선명한 미래를 그릴 수 있습니다.

우리는 기껏해야 백 년을 삽니다. 그러나 영혼이 있는 가게는 사람들이 그 가게를 필요로 하는 만큼 더 오래 살아남을 수 있습니다. 어쩌면 인류가 지속되는 한 영원을 살지도 모릅니다. 한 인간의 삶보다 더 오랜 시간을 상상하며 가게를 이끌어가는 것. 자신이 죽고 난 이후에 더 잘되는 가게를 바라는 것. 지속가능한 가게란 바로 그런 것이 아닐까 합니다.

세상은 다양한 존재들이 다양한 색깔을 내뿜으며 공존하는 동적인 역학을 가지고 있습니다. 이는 가게와 손님이라는 관계뿐 아니라 세상을 움직이는 역사적 동력과도 관련이 있습니다. 역사는 기술의 발전만으로는 설명할 수 없습니다. 특히 기술의 발전이 낳은 지금의 혼란한 시대가 이를 여지없이 증명합니다. 우리가 노력 끝에 좋은 기분이라는 공동체적 유산을 남긴다면, 저는 기술이 아니라 공동체 의식만이 만들 수 있는 새로운 세상과 역사가 펼쳐지지 않을까 감히 기대합니다.

공동체의 기운은 항상 〈녹기 전에〉를 따뜻하게 가득 채우고 있습니다. 우리가 느끼는 기쁨과 만족감은 손님들과 소중한 공동체를 만들어가는 과정에서 비롯됩니다. 그렇기에 더욱더 좋아하는 일이나 좋은 일을 통해 손님들과 공동체 의식을 형성하고 유지하는 게 중요합니다. 공동체의 가치를 중요시하고, '좋아하는 일'을 '좋은 일'로 확장하며 손님들과의 관계를 발전시켜 나가야 합니다. 그때 가게와 손님은 서로의 삶을 구성하는 희망적인 관계를 형성할 수 있습니다. 이러한 과정에서 우리가 남기는 좋은 기분은 미래의 세상과 사람들 사이의 연결고리가 될 것입니다. 이는 오늘의 좋은 일이 과거와 현재는 물론 미래를 이어갈 선한 의지의 일부가 된다는 의미이며, 그 기운을 끊임없이 전파하는 과정 속에 내일의 희망이 존재합니다.

〈녹기 전에〉라는 이름에도 그러한 시간과 공간의 이어짐이 잘 반영되어 있습니다. 이 이름은 단단한 명사형이 아니라 앞뒤로 어떤 말이든 붙일 수 있는 열린 의미이며, 일상에서도 자주 사용되는 표현입니다. 이를 통해 우리의 의지가 단순히 가게 이름으로만 존재하지 않고, 손님들과 소통하고 교감하는 과정에서 함께 녹아들어 공동체의 의미를 지닌다는 것을 나타내고 싶었습니다. 잘 각인되지 않는지 간혹 〈녹기 전에〉를 비슷한 다른 이름으로 부르는 분들도 있습니다. 그조차 저는 좋다고 생각합니다. 선명히 기억에 남는 명사형으로 존재하기보다, 의지만으로도 운영되는 가게로서 사람들과 교감하는 편이 더 의미 있다고 생각합니다. 바람에 날릴 듯 가벼운 이름 〈녹기 전에〉가, 오랜 시간 사람들의 뇌리에 남는 일은 큰 보람입니다. 이는 우리 가게가 단순한 일대일 상호작용의 장소를 넘어 공동체적인 가치를 추구하는 장소가 되고 있음을 상징합니다.

　동물은 자기 몸을 이루던 세포가 죽으면 금세 새로운 세포로 갈아치워 본래 형체를 유지합니다. 그러나 나무는 매년 나이테를 만들며 죽은 세포가 껍질을 이루고 나무와 한 몸이 됩니다. 우리는 이처럼 속도를 유지하기 어려울 정도의 성장에 몰두하기보다, 우리 역할을 늘 상기하면서 토양의 양분을 먹고 자라는 나무처럼 손님들과 함께 서서히 생장하는 가게로 거듭날 겁니다. 10년, 20년을 내다봤을 때 부쩍 컸다는 느낌이 드는 그런 가게가 되려 합니다. 우리는 손님들과의 소중한 인연과 함께 가치 지향과 공동체 의식을 실천하는 장소로서 더욱 발전하려는 열정과 의지로 가득 차 있습니다. 그 관계를 항상 소중히 여기고, 사회적인 책임과 지속가능성을 중요시하며 사람들과 지역사회에 긍정적인 영향을 미치는 데 앞으로도 최선을 다할 것입니다.

　저는 〈녹기 전에〉가 오랜 세월 동안 사람들의 마음에 머무르고, 기쁨과 성공을 함께 나눌 수 있는 공동체의 장소로 자리 잡기를 소망합니다. 이와 함께 가게가 세상에 긍정적인 영향을 끼치는 일상의 일부분이 되기를 희망합니다. 끊임없는 소통과 협력으로 새로운 가능성을 찾아나가고, '좋은 일'을 추구하며 공동체의 가치를 실현하는 장소로서 가게를 계속 발전시킬 겁니다. 이러한 노력과 정성이 〈녹기 전에〉를 오래도록 사람들의 마음속에 머물게 하고, 더 나아가 미래의 세상과 사람들과의 유대감을 형성하는 데 기여하리라 믿습니다.

누군가는 미래로 빨려 들어가고, 또 누군가는 미래로 향하는 문을 직접 열어젖힙니다. 소망과 의지를 담아, 올바른 미래를 향해 직접 문을 열고 나아가는 공동체의 한 일부가 되기 위해 〈녹기 전에〉는 앞으로도 계속, 어쩌면 영원히 노력할 것입니다.

*

좋은 일과 좋아하는 일은 분리된 것이 아니라
상호 연결되어 있습니다.
좋은 일과 좋아하는 일은 언제가
어느 지점에서든 반드시 만납니다.
그리고 좋은 기분으로 가득 차 있는 사람은
언젠가는 좋은 일을 좋아하게 됩니다.
좋아하는 일을 오래 하기 위해서는 그 일이
반드시 좋은 일이어야 합니다.
좋은 일이 아니면 좋아하는 일도
오래갈 수 없습니다.

우리는 서로에게
결정적인 사람일 수밖에
없습니다

　좋은 기분을 만들고 이를 손님에게 전하면서 스스
로도 좋은 기분을 느끼는 일은 동료들과 함께 나누는
경험 속에서 더 깊고 숭고한 의미를 갖습니다. 가게를
일구는 동료들과 아름다운 하모니를 이루며 일하는
것은 일과 삶을 더욱 두텁게 연결하고 타자를 통한 자
기 배움을 가능하게 합니다.
　〈녹기 전에〉는 1인 체제로 시작된 가게입니다. 그
때는 누군가와 함께 일한다고 감히 상상도 못 했기 때
문에 매장 운영 시스템이라 할 만한 것도 없었습니다.
마찬가지로 두 번째 가게였던 〈녹기 전에 밤〉역시 대

부분의 시간을 혼자 일하는 구조였습니다.〈녹기 전에 밤〉이 영업을 종료하고〈녹기 전에〉가 지금의 자리로 이사 오면서, 비로소 처음으로 누군가와 함께 일할 기회가 생겼습니다.

그 동료가〈녹기 전에 밤〉에서 혼자 일하다가 염리동의〈녹기 전에〉로 오게 된 '녹밤'입니다. 그러나 처음엔 저도, '녹밤'도 혼자서 충분히 할 수 있는 일을 그저 발전 없이 나누어서 할 뿐이지 않을까 염려했습니다. 그러나 상황은 예상과 전혀 다르게 흘러갔습니다. 오히려 이전에는 알지 못했던 '동료'의 소중함을 깨닫게 되었습니다. 먼저 물리적인 일을 나누면서 각자의 일을 충분히 생각할 시간이 생겼습니다. 또한 혼자서는 결코 생각하지 못했을 아이디어가 대화에서 움텄고, 그 일을 실행할 원동력이 생겼습니다. 매일 각자가 해야 할 일에 집중하며 가게의 색을 선명하게 채색하기 시작했습니다. 그리고 함께 일하지 않았더라면 제품으로만 머물렀을 아이스크림에 고유한 가치를 불어넣었습니다. 이 모두가 많은 일을 함께해준 빛나는 동료들 덕분이었습니다. 그들의 능력과 일과 사람을 향한 태도로부터 저는 많은 것을 배웠습니다.

손님들을 향한 접객 업무에서처럼 우리가 서로 나누는 작은 대화와 인사, 함께 보내는 시간들은 소중한 추억과 경험으로 자리 잡았습니다. 동료들과 함께하는 시간은 건강한 자아를 형성할 기회를 주고, 지금의 삶을 감사하게 만드는 동시에 미래를 낙관할 힘을 선사합니다. 우리는 동료들과 소통하며 서로의 아이디어와 경험을 공유하고, 문제를 해결하며 새로운 도전을 합니다. 이 과정에서 우리는 한 사람이 펼칠 수 있는 한계를 넘어 더 나은 창의성과 혁신이 담긴 결과를 얻기도 합니다.

마치 푸른 바다의 섬들이 모여 하나의 아름다운 대륙을 이루듯, 서로 다른 역할을 수행하는 동료들이 모여 하나의 목표를 향해 나아갑니다. 우리의 소중한 팀원은 각자 특별한 미적, 동적 역할을 맡고 있습니다. 마치 다양한 악기들이 서로 조화롭게 어우러져 하나의 멜로디를 연주하는 것과 같습니다. 각자의 특색을 살려 조화롭게 협력하며 업무를 진행하는 것은 〈녹기 전에〉를 반드시 필요한 사람들, 그리고 운명적인 사람들로 구성된 팀으로 만듭니다. 그럼으로써 매일의 삶은 드라마를 이루는 아름다운 에피소드처럼 느껴지게 됩니다.

우리는 서로 다른 배경과 성향을 가진 동료들과 함께 하루를 보내며 다양한 상황을 마주합니다. 때로는 의견이 충돌하기도 합니다. 하지만 그 속에서 우리는 더 나은 방향을 찾아왔고, 앞으로도 찾을 것입니다. 어떤 충돌이든 가게를 더 나은 방향으로 이끌고 싶다는 공통된 마음을 가지고 있다면 갈등은 개선의 기회가 됩니다. 또한 업무적인 경계 내에서 해결되면 조화롭게 나아갈 수 있는 건강한 갈등이 됩니다. 매번 상황에 따라 다르기에 조심스럽지만, 저는 멀리 바라보는 사람의 의견이 〈녹기 전에〉에 좀 더 잘 어울리는 결정이라 믿습니다. 그리고 의견을 조금씩 좁히는 가운데 의지가 더 강한 사람을 지지해줄 수 있는 믿음과 가족적 관용도 필요합니다.

동료의 소중함은 사실 이 책의 모태가 된 접객 가이드 자체가 입증합니다. 저는 함께 일하는 동료가 일상을 소모적으로 보내지 않길 바랐습니다. 그래서 가게에서 일어나는 모든 일들이 자신에게 주는 의미를 더 잘 인식하도록 돕기 위해 가이드를 작성했습니다. 동료를 챙기는 것은 곧 나를 챙기는 일이기도 합니다. 함께 일하는 이상 우리는 서로가 서로에게 결정적인 사람일 수밖에 없습니다. 매장에서 움직이는 동료의 리듬이 곧 나의 리듬이고, 〈녹기 전에〉의 리듬입니다. 손님은 한 사람의 리듬과 가게의 리듬을 구분하지 않기에 더욱 그렇습니다. 옷깃만 스쳐도 인연인 삶에서 하루에도 수십 번 옷깃을 스치는 우리의 깊은 연은 굳이 여러 번 설명하지 않겠습니다.

함께 일하는 동안 소중한 순간들이 눈에 띄게 쌓여갈 겁니다. 어떤 날은 어려움을 함께 극복하는 과정에서 결속력이 강해지고, 또 어떤 날은 작은 성취를 나누며 함께 큰 기쁨을 누릴 겁니다. 이러한 경험들은 동료와의 유대감을 더욱 깊게 만들며, 우리의 업무와 삶에 긍정적인 영향을 미칠 또 다른 경험들을 기다리게 할 겁니다.

내가 선택한 인간관계 속에서 서로가 삶의 스승이 되어 영향을 주고, 좋은 점을 흡수하며, 다른 가운데 또 닮아가는 과정은 언제나 아름답습니다. 생장하는 〈녹기 전에〉는 여전히 작은 매장이며, 적은 구성원으로 이루어져 있습니다. 그래서 함께 일하는 법에 대해 아는 것보다 앞으로 배워야 할 점이 훨씬 더 많습니다. 저 역시 겸손한 자세로 지금 함께하는 이들과 또 앞으로 함께하게 될 스승들에게서 더욱 많이 배울 것입니다. 그래서 일하기 좋은 환경, 더 좋은 기분을 느낄 수 있는 환경을 만들기 위해 부단히 노력할 것입니다.

나가며

요즘은 어딜 가든 멋진 카페나 식당이 넘칩니다. 서울은 말할 것도 없고, 다른 지역이나 소규모 관광지를 가도 중구난방의 모습이 아닌 시각적으로 균형이 잘 잡힌 공간을 발견할 수 있습니다. 로고와 인테리어, 온라인상의 그래픽 디자인까지 브랜딩이라는 단어를 중심으로, 선명한 톤 앤 매너를 보여주는 세련된 곳들이 참 많습니다.

디자인과 브랜딩이라는 인문학적 기술을 중심으로 한 아이덴티티와 아이디어의 대결, 그리고 주로 SNS 플랫폼에 의존하는 표현 방식이 최근 업계동향이자 일종의 이데올로기였다고 저는 생각합니다. 하루가 다르게 상향 평준화되는 가게들은 정교한 디자인과 브랜딩으로 무장한 채 나날이 새로운 개업 소식을 SNS로 전하고 있습니다.

그런데 막상 가보면 제품 구색도 잘 갖추고 디자인도 멋진데 이상하게 애착은 생기지 않아서 다시 방문하지 않는 공간도 많습니다. 또는 몇 달간 SNS에서 소위 '핫'하고 '힙'한 공간으로 널리 알려졌다가 고작 반년 사이에 종적을 감추기도 합니다.

저에게 '힙하다'는 말은 등골이 오싹해질 정도로 무서운 단어입니다. 힙한 것은 유효 기간이 매우 짧습니다. 머지않아 다른 힙한 공간에 자리를 내줄 가능성이 크기 때문입니다.

힙하다는 의미 자체가 공간의 조성 상태를 절대평가하는 말이 아닙니다. 그저 상대적으로 최신 트렌드에 가깝다는 의미일 뿐입니다. 우리는 일주일 전의 뉴스를 돌려보지 않습니다. 지나간 뉴스는 이미 그 의미가 사라졌기 때문입니다. 뉴스라는 말 자체가 '새롭다'는 의미니까요. 이와 반대로, 원래 힙하다는 말은 새로운 유행을 거부하고 자신만의 개성을 추구한다는 의미였습니다. 그런데 어찌 된 일인지 지금은 힙하다는 말이 최신 유행을 나타내는 것으로 그 의미가 완전히 뒤집어졌습니다.

그래서 하루하루 지나면서 색이 바래고 디자인도 익숙해져 점점 새롭다는 인상이 사라지면 더는 힙하다고 부르기 어려운 가게가 됩니다. 힙하다는 평가가 강점이었던 가게는 빠른 시간에 그저 그런 어중간한 매력의 가게가 됩니다.

저는 이렇게 브랜딩이 업계를 주도하는 방식이 인간에 대한 진지한 관심의 불씨를 꺼트리지는 않을지 우려됩니다. 미의식은 당연히 중요하고, 또 제가 미의식에 비평할 만큼의 지식이 있는 것도 아닙니다. 그러나 그 미의식이 인간에 대한 감성적인 접근을 배제한 채 공간이나 제품 자체만을 강조하거나 브랜드 로고로만 남는다면, 과연 10년 뒤에도 유의미하게 존재할까요? 가게는 고작 1, 2년을 운영하기 위해 열과 성을 다해 오픈하는 게 아닙니다. 새로움과 유행에 가치를 둔 더 멋진 공간과 로고는 지금도 어딘가에서 새로이

문을 열고 있습니다. 힙하다는 이야기를 들으면서 말입니다.

저는 요즘 화려하거나 멋지기만 하고 온기를 느끼기 어려운 가게들보다, 인간과 인간의 이야기가 중심이 되는 가게들의 필요성을 절실히 느낍니다. 디자인이나 브랜딩 기술 대신 또 다른 인문학적 접근법으로도 충분히 잘 운영되고, 키오스크나 서빙 로봇으로 대체할 수 없는 메커니즘의 가게들 말입니다. 물론 세상은 제 생각과 많이 달라서 이런 온도를 가진 가게들이 점점 줄어드는 것이 현실입니다. 하지만 언젠가 다시 휴머니즘이 업계의 구심점으로 부각되는 시대가 올 거라 예감하고, 저도 그 방향을 모색하고 있습니다.

그나마 한때 '로컬'이나 '커뮤니티' 혹은 '진정성'이라는 키워드가 사람 냄새를 풍기며 업계에서 나름의 자취를 남겼습니다. 하지만 이 역시 브랜딩의 도구로서만 기능하고 있다는 것이 제 개인적인 생각입니다. 특히나 진정성은 행동의 결과로써 일에 투영되고 보여야 하는데, 그저 말로만 진정성을 내뱉는 경우도 허다합니다.

우리가 추구해야 할 업의 형태는 이보다 한층 성숙하고 발달해야 합니다. 2차원을 사는 개미는 3차원을 의식하지 못하고, 3차원을 사는 우리는 시간의 축을 포함한 4차원을 폭넓게 의식하지 못합니다. 마찬가지로 지역과 커뮤니티, 더 넓게는 운명공동체라는 이름을 기존의 메인스트림인 브랜딩 언어에 귀속시키는 것은 앞으로의 세상을 향한 올바른 이해가 아닙니다.

사실 브랜딩으로 〈녹기 전에〉의 행보를 이해하기는 조금 어렵지 않을까 합니다. 우리 일의 진행 방식을 브랜딩, 마케팅의 틀에 꿰맞추다 보면 어딘가 어색함이 느껴질 수밖에 없습니다.

브랜딩은 수익에 기반한 목적성이 필요합니다. 나무 심으러 가는 것을 브랜딩의 언어로 이해하기 위해서는 최종적으로 '그렇게 하면 장사가 잘되기 때문'이라는 점을 염두에 두어야 합니다. 그것이 브랜딩의 축, 브랜딩 차원에서의 이해입니다.

그러나 우리가 지향하는 새로운 차원에서는 수익성을 넘어 '반드시 그래야만 한다'라는 가치 개념이 있습니다. 시대가 우리에게 부여한 사명을 통해 사회에 기여하고, 커뮤니티를 활성화하고, 아름다운 삶을 추구한다는 사심 없는 의도와 명분이 있습니다.

'브랜딩 시대'의 그다음을 논의하는 시작과 끝에 사람이 있습니다. 자기만의 방식으로 좀 더 나은 세상을 위해 기여하고, 그 일이 스스로에게 어떤 의미인지 생각할 줄 아는 사람은 새 시대를 열어갈 따뜻한 능력을 지니고 있습니다.

저는 이 책의 많은 글감을 서서 일하고 손님을 맞이하는 동안 얻었습니다. 주문을 받다가도 필요한 내용이 생각나면 바로 포스트잇에 적어 얼개를 짰고, 나중에 뒷받침하는 말을 더했습니다. 그만큼 여기 담긴 글은 영혼 없이 '좋은 게 좋은' 내용들이 아니라, 모두 일과 생각으로부터 직접 길어낸 생생한 증언들입니다.

하지만 뒤로 갈수록 '어떻게 해야 한다'라는 사설이 점점 많아진 것 같습니다. 읽는 이의 마음가짐을 더 근원적인 단계에서 이끌어낼 수 있는 설명이 부족했던 것은 제 표현의 한계 때문입니다. 그러나 무엇보다 중요한 것은 가이드에 의지하지 않고도 손님에게 좋은 기분을 전하겠다는 마음을 갖는 일입니다.

우리 매장은 간판이 따로 없다 보니 염리동에 이사
온 지 3년이 다 된 지금도 여전히 주민분들이 새로 발
견해주십니다. 인근에는 학교가 많기 때문에 해마다
입학하는 학생들과도 새로운 만남이 이어집니다. 매
년 처음으로 손님을 만나고 관계가 차츰 형성되어 가
는 과정은 참 아름답습니다. 이 광활한 우주에서 사람
이 서로를 알아가는 과정은 하나하나가 경이롭기 그
지없습니다.

사람들이 아이스크림을 먹는 이유는 간단합니다.
바로 좋은 기분을 느끼기 위해서입니다. 아이스크림
으로 불행한 사람은 덜 불행해지고, 행복한 사람은 더
행복해집니다. 결국 아이스크림을 만들고 파는 사람
들은 다름 아닌 좋은 기분을 만드는 사람들입니다. 동
시에 일에서 자기 자신을 소모하지 않고도 스스로 좋
은 기분을 느낄 수 있는 사람들입니다. 이렇게 좋은 기
분을 주고받는 선순환을 이룰 수만 있다면, 행복의 조
건이 터무니없이 많아진 이 시대에 손님과 우리는 더
이상 미래를 희생하지 않고도 하루하루를 풍족하고
온전한 즐거움으로 채워나갈 수 있습니다.

저는 원래 5년만 운영하고 그만둘 생각으로 이 가게를 차렸습니다. 무리 없이 잘 운영되는 매장을 갑자기 닫는 기행으로 예고 없이 찾아오는 삶의 유한성을 사람들에게 화두로 던지고자 했습니다. 그리고 저는 유유히 다른 직업을 찾으려는, 지금 생각해도 멋진 계획을 세웠더랬습니다.

그러나 지금은 제가 죽고 나서도 남아 있을 영속적인 가게를 만드는 것이 꿈입니다. 카메라 렌즈의 초점을 조절하듯 짧은 시간에서 무한한 시간으로 그 목표를 옮기게 되었습니다. 그러는 동안 저는 아이스크림을 대하는 시야가 넓어졌고, 매우 큰 가치관의 변화를 겪었습니다.

이는 대부분 접객 일을 통해 얻은 긍정적인 변화였습니다. 저는 삶을 어떻게 살아갈지를 아이스크림과 접객 일에서 배웠고, 지금도 여전히 배우고 있습니다. 당신이 무슨 일을 하든, 당신도 '제품 제공자'가 아니라 제품과 사람을 엮는 '기분 전달자'로서 일하며 매일의 삶 속에서 조금씩 조금씩 무언가를 배워나갈 수 있다면 좋겠습니다. 감사합니다.

접객은 이렇게 작고 조용한 방식으로

세상에 기여합니다.